4·16구술증언록 단원고 2학년 4반 제8권

그날을 말하다

강혁 엄마 조순애

이 도서의 국립중앙도서관 출판예정도서목록(CIP)은 서지정보유통지원시스템 홈페이지(http://seoji.nl.go.kr)와
국가자료공동목록시스템(http://www.nl.go.kr/kolisnet)에서 이용하실 수 있습니다.
CIP제어번호: CIP2019009489

4·16구술증언록 단원고 2학년 4반 제8권

그날을 말하다

강혁 엄마 조순애

4·16기억저장소 기획 편집
(사) 4·16세월호참사가족협의회 지원 협조

한울

책머리에

　4·16기억저장소에서는 세월호 참사 5주기를 맞아 구술증언 수
집 사업의 결과물 일부를 100권의 책으로 발간하게 되었습니다.
이 사업은 2015년 6월부터 다양한 학문 분야 구술 연구자들의 자
발적인 참여로 진행되어 왔으며, 세월호 참사를 좀 더 정확하고 다
각적으로 기록하고 기억하고자 하는 노력의 일환으로 수행되었습
니다.

　2014년 참사 발생 이후, 참사 피해자들의 목격담과 경험은 안타
깝게도 공식적인 국가기관과 언론의 기록 속에서 철저히 소외되거
나 왜곡되었습니다. 그것은 세월호 참사가 우리에게 안긴 죽음과
고통의 충격만큼이나 우리 사회의 끔찍한 비극이었습니다. 따라서
사업을 진행하면서 세월호 참사 희생자 가족, 생존자, 생존자 가족,
어민, 잠수사, 활동가, 기자 등등, 참사의 초기 과정을 직접 경험한
분들의 증언을 우선적으로 수집했습니다. 구술자는 이 사업의 취

지와 방식에 개인적으로 동의한 분 중에서 선정했으며, 참여 과정에 어떠한 금전적 보상이나 이익이 제공되지 않았습니다. 또한 구술증언 수집 사업을 진행하는 동안, 면담자는 연구자이자 참사를 겪은 공동체 시민으로서 최대한 윤리적이고자 노력했습니다.

구술자마다 매회 약 2시간씩 3회를 원칙으로 음성 녹취와 영상 촬영을 하는 방식으로 진행되었고, 증언의 일관성을 확보하기 위해 면담자는 큰 틀에서 공통 질문지를 사용했습니다. 공통 질문지의 내용은 참사와 구술자 간의 관계성에 따라 차이가 있지만, 유가족 구술의 경우 1회차 '참사 이전의 삶, 팽목항과 진도에서의 경험, 자녀에 대한 기억'을, 2회차 '참사 이후 투쟁과 공동체 활동 경험'을, 3회차 '참사 이후 개인 및 가족이 경험한 삶의 변화와 깨달음, 자녀의 현재적 의미'를 중심으로 했습니다. 이처럼 증언 내용은 참사 이전에서 시작해 참사 발생 당시의 경험과 이후의 변화 과정까지 폭넓게 수집했고, 면담자는 구술 채록 과정에서 구술자의 발화를 최대한 존중하고자 했으며, 무엇보다 각자의 특수한 경험과 다른 시각을 충실히 반영하고자 했습니다.

이 구술증언록의 발간을 위해, 채록된 음성 자료는 문서로 변환해 구술자와 함께 검토했고, 현재 시점에서 공개할 수 있는 영역과 할 수 없는 영역으로 구별했습니다. 따라서 책에 실린 내용은 모두 구술자로부터 공개를 허락받은 부분입니다. 비공개 영역은 추후 구술자의 동의를 받아 적절한 절차를 거쳐 추가로 공개될 수 있으리라 생각합니다.

이 구술증언록 100권에는 그동안 우리 사회에 왜곡되어 알려지거나 잘 알려지지 않았던, 참사 발생 직후 팽목항과 진도 혹은 바다에서의 초기 상황에 관한 중요한 증언이 포함되어 있습니다. 또한, 자녀를 잃는 잔인하고 애통한 상황을 겪으면서도 그 누구보다 강인한 정치적 주체로 성장할 수밖에 없었던 유가족의 마음과 경험을 구체적으로, 그리고 여러 각도에서 살펴볼 수 있습니다. 그 외에도, 이 구술증언록은 2014년을 전후한 한국 사회의 여러 측면을 드러내는 귀중한 자료가 되리라고 생각합니다. 무엇보다 국내외의 많은 분이 이 책을 읽어, 장차 세월호 참사의 진상 규명과 역사 서술에 기여할 수 있기를 바랍니다.

구술증언 수집 사업이 진행되고, 책으로 출간되기까지 많은 분의 도움과 지지가 있었습니다. 이 지면을 빌려 부족하나마 감사의 말씀을 전하고자 합니다.

먼저 (사)4·16세월호참사가족협의회와 4·16기억저장소에 감사를 드립니다. 이분들의 신뢰와 적극적인 협조가 없었다면, 이 사업은 처음부터 시작할 수조차 없었을 것입니다. 또한 어려운 정치 환경 속에서도 사업의 취지에 공감해 재정 지원을 결정해 준 아름다운가게와 역사문제연구소에 감사드립니다. 두 단체 덕분에, 이 사업을 4년 동안 계속해 올 수 있었습니다. 그리고 구술증언록 100권의 발간에 동의하고, 바쁜 일정에도 출판 실무를 기꺼이 맡아주신 한울엠플러스(주)에도 감사를 드립니다. 이 외에도 많은 개인과 단체가 직간접적으로 많은 도움을 주시고 격려해 주셨습니다. 여기에 모두 밝히지 못하는 것을 죄송하게 생각합니다.

말할 필요도 없이, 가장 크고 또 가슴 아픈 감사는 구술자 한 분 한 분께 드리고자 합니다. 이 책이 발간될 수 있었던 것은, 무엇보다 용기를 내어 아픔과 고통의 기억을 다시 떠올리고 장시간 진심으로 이야기를 해주신 구술자가 있었기 때문입니다. 오랜 시간 이야기를 나누며 함께 공감하기도 했지만, 그 아픔과 고통을 어떻게 가늠할 수 있을까 싶습니다. 더 큰 도움이 되지 못함을 안타까워하며, 이 구술증언록 100권의 발간이 피해자분들에게 조금이라도 위로가 될 수 있기를 기원합니다.

2019년 4월

4·16기억저장소 구술팀 책임자
서울대학교 인류학과 교수 이현정

강혁 엄마 조순애

구술자 조순애는 단원고 2학년 4반 고 강혁의 엄마다. 혁이는 커서도 엄마 품을 좋아하고 엄마 볼에 뽀뽀도 스스럼없이 하는 애교 많고 살가운 아이였다. 혁이를 하늘로 보내고 나서, 엄마는 아빠와 함께 해오던 가게를 접은 채 아들을 향한 그리움을 한 올 한 올 손뜨개로 엮어가고 있다.

조순애의 구술 면담은 2017년 1월 6일, 10일, 그리고 2019년 2월 14일, 3회에 걸쳐 총 4시간 10분 동안 진행되었다. 면담자는 김세림·김익한, 촬영자는 김솔·강재성이었다.

구술자 본인의 프라이버시와 제3자의 프라이버시를 보호해야 할 부분을 제외하고는 구술자의 발화를 있는 그대로 전사했다.

1회차

2017년 1월 6일

1
시작 인사말

면담자　　　본 구술증언은 4·16 사건에 대한 참여자들의 경험과 기억을 기록으로 남김으로써 이후 진상 규명 및 역사 기술에 기여하고자 합니다. 지금부터 조순애 씨의 증언을 시작하겠습니다. 오늘은 2017년 1월 6일 금요일 오후 1시이며, 장소는 안산시 정부합동분향소 내 불교방입니다. 면담자는 김세림이며, 촬영자는 김솔입니다.

2
구술 참여 동기

면담자　　　제가 전화로 간단하게는 말씀을 드렸는데, 오늘은 그동안 살아오신 것들에 대해서 이야기를 들어보려고 합니다. 결혼생활이나 아이에 대해서, 아이 성격이나 살아왔던 것 중에 가장 인상 깊었던 기억들을 좀 여쭤보려고 하고요. 그리고 가능하면 4월 16일 당일부터 안산으로 다시 돌아오시는 경험까지 여쭤보고, 그게 좀 힘드시면 다음에 이야기 나누도록 하겠습니다. 1회차부터 3회차까지 진행이 될 건데, 어머님의 기억과 경험에 대해서 주관적인 느낌을 들어보는 것도 굉장히 중요하지만, 사건이나 사실에 대해서는 증언적인 성격이 있기 때문에 가능하시면 최대한 기억나시는 것에 대해서 자세하게 말씀해 주시면 좋겠습니다. 그래야 앞으로의 사회와 그다음 세대들이 어떤 일들이 있었는지 이해하는 데 많은 도움이 될 것입니다. 재강 어머니가 섭외를 하신 걸로 알고 있는데요. 어떤 과정으로 이 사업에 대해서 듣고 참여를 하시게 됐나요?

강혁 엄마　　우리 엄마들 모이는 데가 있어요, '이웃'이라고. 거기는 마음을 치유하는 곳인데 유가족 엄마들 가서 거기서 뜨개를 해요. 뜨개 하면서 이렇게 서로 대화도 하고 서로 이렇게 의지도 하고, 그렇게 하면서 이야기 끝에 말을 들어가지고, 말을 들었어요. 그래서 한번, "이거 한번 해볼 생각 없냐" 해서.

면담자　　결정하는 데 많이 어렵지는 않으셨어요? 아무래도 있었던 일을 얘기하는 건데.

강혁 엄마　　그전에는 많이, 이런 거에 대해서 많이 힘들고 솔직히 이렇게 자신도 없고 불편했는데, 이게. 이게 너무 오래 왔잖아요. 밝혀진 것도 없고, 그 억울하고 분노하고, 그런 거를 밝힐 수 있는 거는 다 밝히고 싶고. 진상 규명을 꼭 해야 된다는, 그래야만 이 될 것 같고. 전에는 힘들었어요, 그런 거[증언] 한다는 게. 지금은 제가 할 수 있는 거는 다 하고 싶어요. 예.

3
결혼과 안산 이주, 이주 후 하루 일과

면담자　　이제 앞으로 세 번에 걸쳐서 말씀을 나누게 될 건데 이 기록물이 남겨졌을 때 어떻게 활용이 됐으면 좋겠다고 생각해 보신 게 있으신가요?

강혁 엄마　　기록물이 계속 이렇게 보존돼야만이 앞으로 우리 후 손들이 우리 아이들처럼 이렇게 되지 않고 안전한 나라에서 살아 야 된다는 생각이 들어요.

면담자　　조금 전에 말씀 나눴던 최근의 활동에 대해서 간단 하게 다시 여쭤보면, 월요일에 피케팅하시고 당직을 하신다고 하 셨는데 그 활동은 한 2년 동안 계속해 오신 거죠?

강혁 엄마　　초창기에는 제가 많이 좀 힘들었어요. 힘들고 그래 서 제가 할 수 있는, 처음에는 서명 다녀보고, 서명 다니다가 이제 서명 끝나고, 그다음에는 청운동, 청운동에서 거기서 뭐지… 거기 서 농성 많이 했잖아요. 그리고 국회… 국회에서 먼저구나, 국회에 서 단식하고 청운동에서 농성하고. 그다음에 인제 광화문 당직이 이렇게 됐어요. 교육청 앞에서 피케팅, 교실 지킴이. 결국은 못 지 켰지만요.

면담자　　이번 주 월요일에도 광화문에 계셨을 거 같은데 그 때는 뭐 특별한 일은 없었나요?

강혁 엄마   어… 전에보다 많이 사람들이… 그 전에는 언론에 계속 오보가 났잖아요. 그러니까 사람들이 다 그 뉴스에만 믿고 굉장히 세월호, 그 저기를 부정적이게 봤죠. 그런데 인제 그 후로 밝혀졌잖아요, 아니라는 거. 그 뒤로 엄청 분향도 많이 오시고 사람들이 이렇게 대하는 게 달라요, 확실히. 피케팅하면서도 힘내시라고 이렇게 끝까지 우리 밝혀내자고 그러고. 많이 달라졌죠, 그 전하고.

면담자   지난주 토요일에도 집회가 있었는데 그때 분위기는 좀 어떠셨어요?

강혁 엄마   그때 분위기는 다 한마음이라는 느낌이 들었어요. 집회하는데, 다 이렇게 모였을 때 정말… 이렇게 한마음으로 끝까지 손을 잡고 가면은 우리, 우리 국민이 이긴다는 자부심이 생겼어요.

면담자   최근 활동에 대해 잠깐 여쭤봤고 4·16 이전의 삶에 대해서 본 주제로 들어가서 여쭤보려고 하는데요. 아까 구술자 정보 작성하실 때 잠깐 보니깐 원래 고향은 전라북도라고 쓰신 것 같아요. 그런데 안산은 언제부터 사셨어요?

강혁 엄마   안산은 22년 전이니깐 언제죠? 22년 전이니까… 한…

면담자   90년대 초반.

강혁 엄마   그렇죠.

면담자　　　그렇게 되시는 거죠. 그 전에는 계속 고향에 계셨던
건가요?

강혁 엄마　　아니요. 하남시에서 살았었어요. 하남시에서 살다
가, 안산에 언니가 살았었어요. 그래서 안산에 오게 됐어요.

면담자　　　그럼 결혼 전부터 안산에 계셨던 거예요?

강혁 엄마　　그렇죠. 예. 하남시에서 살다가 딸 거기서 낳고.

면담자　　　아 결혼하시고.

강혁 엄마　　예, 예. 여기 안산은 그때 와서 우리 혁이를 낳고, 강
혁이를 낳고 쭉 여기서 살았던 거죠.

면담자　　　하남시에서는 어릴 때부터 사셨던 건가요?

강혁 엄마　　아니요. 애 아빠랑 만나 가지고.

면담자　　　아 결혼 처음 생활을 하남시에서 하셨던 거예요?

면담자　　　예, 예.

면담자　　　결혼하시기 전에는 어떤 생활을 하셨나요?

강혁 엄마　　우리… 왕족발 했었어요, 장충동 왕족발. 장충동 왕
족발 거기서 한 5년하고 안산에서 한 20년 했어요.

면담자　　　어떻게 만나셨는지 여쭤봐도 되나요?

강혁 엄마　　어떻게요? 그냥 둘이 이렇게 어디 놀러 가서 만났던

거 같아요.

면담자   원래부터, 이렇게 누구 소개를 받거나 그러셨던 사이는 아니고요?

강혁 엄마   예.

면담자   결혼하시고 하남시에서 같이 자영업 하시면서 생활하시다가 안산시로, 그러니깐 언니분이 소개를 해주신 거죠? 안산으로 이사를 오라고.

강혁 엄마   예, 예. 친언니.

면담자   그때 안산으로 소개를 할 때 어떤 점이 이사를 오기에 좀 괜찮다고 생각하셨어요?

강혁 엄마   안산이 공원이 참 많아요. 공원이 많고, 이렇게 굉장히… 여기가 살기 좋은 곳이죠. 공기도 좋고, 공원도 많고. 그래서 여기가 공장지대가 또 많이 있고 그러다 보니까 무슨 자영업을 해도 잘될 것 같고. 예, 그래서 안산에 왔는데….

면담자   안산으로 오셔서도 족발집을 운영하신 거죠?

강혁 엄마   예, 계속했어요.

면담자   하루가 굉장히 바쁘셨을 것 같아요. 하루 일과는 보통 어떻게 되셨나요?

강혁 엄마   하루 일과는 이제 아침에… 그니까 아침에 일어나서 아빠가 애들 둘, 혁이는 고등학생이고 ○○는 대학생이었었어요.
아빠가 해서 밥 먹여서 학교 보내요, 둘 다. 보내놓고 아빠는 자고
저는 이제 일어나서 가게로 가고. 아빠는 한 12시 반쯤 가게 와서
다음 날 아침까지 장사해요, 저는 한 2시, 3시면 오고. 그렇게 반복
적으로 그렇게 생활했어요.

면담자   아침까지면 거의 한 7시까지 하시는 건가요?

강혁 엄마   5시 반까지요.

면담자   아… 밤새 하시면 되게 피곤하시겠어요.

강혁 엄마   예. 자다가 장사하고, 자다가 배달. 이게 배달 장사
였거든요. 그러니깐 그렇게 장사하고.

면담자   되게 하루가 바쁘시고, 거의 밤에 활동을 많이 하시
니까 다른 종교 활동이라든지 친구들 만나거나 이런 것도 좀 힘드
셨겠어요.

강혁 엄마   거의 없었어요. 우리 딸 낳고부터는 아빠나 저나 친
구 한 번도 못 만났어요. 오직 생활이 장사하고 집에 오고, 아이들
하고 이렇게, 아이들하고 놀러 가는 게 그게 전부였어요.

면담자   아이들하고 놀러 갈 때도 멀리는 가기 좀 힘드셨지
않을까요?

강혁 엄마   예, 한 1박 2일이나 2박 3일 이렇게. 멀리는 외국은
한 번도 못 가봤어요, 아이들하고. 근데 뭐 강원도 같은데 그런 데

는 자주 갔던 거 같아요, 펜션으로.

면담자   펜션으로 주로 놀러 가셨었어요?

강혁 엄마   예. 펜션으로 갔어요. 항상 넷이, 가족끼리.

면담자   그럼 주말에 가셨겠네요?

강혁 엄마   주말에는 못 가요. 주말은 금, 토, 일요일은 장사가 두 배로 잘돼요. 그래서 평일 날, 방학 때.

면담자   아 방학 때 주로 가시는 거예요?

강혁 엄마   예, 주로 방학 때. 음… 여름방학, 겨울방학 때. 그때는 며칠… 한 5일 정도 빼가지고 아예 갔다 와요.

면담자   아 휴가를 한 번씩 가시는 거예요? 첫째 아이는 몇 세 때 낳으셨나요?

강혁 엄마   제가 지금 50이니깐 스물… 한 다섯 살 때 낳았던 것 같아요.

면담자   결혼하고 한 1, 2년 있다 낳으신 건가요?

강혁 엄마   아뇨, 일찍 만났어요. 일찍 만나서 동거하다가 낳았어요.

면담자   25살에 첫째 아이를 낳으셔서, 지금 그 첫째 아이가 스물다섯이 됐네요. 아이들 학교생활 할 때 많이 바빠서 도와주기가 힘든 점이 있으셨을 것 같아요.

강혁 엄마   장사할 때요? 언니가 키웠어요. 친언니가 ○○랑 혁
이랑 다 키워줬어요, 장사할 때.

면담자   언니가 도와주시는 점이 있으니까 안산으로 오시게
된 것도 있겠네요.

강혁 엄마   네. 언니한테 애기를 맡기기 위해서 안산으로 왔어요.

면담자   그럼 그 전에 하남에 계실 때는 아이를 어머니께서
주로 보신 건가요?

강혁 엄마   아니요, 언니가 봤어요.

면담자   아, 그때도 언니가 봐주셨어요?

강혁 엄마   예. 가끔 이제 언니 집에, 안산에 우리 아빠랑 둘이
애기 보러 오고, 보고 가고. 그러다가 이제 언니가 안산으로 오면,
안산이 좋으니까… 언니 때문에 오게 됐어요.

면담자   아이들하고 이모하고 되게 정이 깊겠어요.

강혁 엄마   엄청. 예, 언니도 많이 힘들어했어요, 혁이 이렇게
되고. 언니도 기른 정이 더… 엄마랑 똑같죠, 뭐.

면담자   가족 여행 가실 때 언니도 같이 가고 그러셨겠네요?

강혁 엄마   갈 때도 있고, 우리끼리 갈 때도 있고. 언니랑도 많
이, 언니 가족이랑도 많이 갔죠.

면담자   주말이 특히 많이 바쁘시니까, 그때는 거의 새벽 5시

까지 항상 손님들이 좀 오는 편인가요?

강혁 엄마   예. 아빠… 인제 종업원은 한 2시쯤 퇴근해요. 그러면 아빠가 인제 3시간이나 3시간 반 혼자 하는 거예요. 핸드폰으로 전화를 돌려놓고. 배달 전화가 네 대가 있는데요, 그 전화를 다 핸드폰으로 돌려놔요. 돌려놓고 혼자 다니면서 받고, 또 와서 해서 갖다주고. 아빠가 생활력이 강해요.

면담자   전화기가 거의 꺼질 새가 없었겠어요. 그때는.

강혁 엄마   네.

면담자   이게 또 그 족발이라는 게 원래 끓이고 삶는 시간이 굉장히 좀 걸리는 거잖아요. 한 번에 해놓고, 밤을 대비해서 한 번에 해놓고 하시겠네요.

강혁 엄마   예, 예. 한 점심때쯤 삶으면 한 3시간 걸려요. 3시간 걸리면 정리 딱 하고. 5시부터 인자[이제] 12시까지, 그때가 피크예요. 그때 딱 팔고.

4
형제, 가족 간 관계

면담자   주말도 굉장히 바쁘게 보내시고 했는데 둘째 아이는, 첫째 아이는 스물다섯에 낳으시고 둘째 아이랑 좀 나이 터울이

26

강혁 엄마 조순애

좀 있을 거 같아요.

강혁 엄마　　　4살 터울이에요.

면담자　　　그럼 29살쯤에 둘째 아이를 낳으셨네요. 첫째가 딸이 태어나서, 원래 딸 낳으면 대개 집에 기둥이 된다고 그러던데 둘째 아이하고 첫째 아이는 관계가 어땠나요?

강혁 엄마　　　그냥 엄마 같은 누나요. 예, 저희가 또 장사를 하니까 엄마 같은 누나였어요. 항상 음… 동생을 항상 이렇게 아끼고 챙겨줬던 거 같아요. 그리고, 그래서 우리 딸이 지금까지 남자 친구 한 번을 안 사귀었어요. 지금도 없어요. 항상 그랬어요. 동생 먼저 결혼시키고 저는 나중에 갈 거라고. 그리고 고등학교 다니면서 가게에서 아르바이트를, 우리 가게 족발집에서 아르바이트를 하면서…. 인제 고등학교 때는 아르바이트를, 일을 못 해요. 토요일, 일요일만 할 수 있어요. 토요일, 일요일 날 하고 저희가 좀 넉넉하게 주면은 동생 메이커로 [옷을 사주곤 했어요]. 혁이 입었던 거 다 누나가 사준 거예요. 교복이랑 신발, 가방 다 누나가 사줘요. 그러면 저는 이제 그게 더 예쁘잖아요. 그러면 제가 몰래, 아빠 몰래 두둑이 줘요, 딸을. 고등학교 때는 그렇게 입어야 아이들한테도 자존심 안 상한다고.

　그렇게 하고 대학교… 딸이 또 대학교 가서는 고등학교 졸업하는데 ○○가 500[만 원]을 탔어요, 적금을. 고등학교 3년 동안 해서 누가 용돈 주면 안 쓰고, 가게에서 주면은, 엄마가 이렇게 주면은 그거를 안 써요. 친구들도 만날 시간도 없고 토요일, 일요일은 가게에서 일해야 되니까. 돈 쓸 시간이 없으니까, 돈도 모으고. 그래서 500[만 원]을 탔는데 200[만 원]은 혁이 몫으로 쓰라고 200[만 원]을 저를 주고 300[만 원]을 또 [은행에] 1년을 넣어놓더라고요. 그러고 또 다시 대학을 가면서 적금 1000만 원짜리를 넣더라고요. 한 달에 40만 원. 근데 대학을 가면 시간이 많았어요. 그러니까 가게에서 한 3시간 정도는 일했던 거 같아요.

면담자 거의 매일이요?

강혁 엄마 네, 매일. 토요일은 한 4, 5시간 하고, 평일 날은 3시간씩. 그러면 제가 만 원씩 쳐줬어요, 일부러. 그 대신 이제 학비는 엄마, 아빠가 냈고, 인제 옷이랑 책이랑은 니가 버는 걸로. 일부러 그렇게 했어요, 애를 강하게 키우려고. 그런데 우리 딸 한 말이 최고 지금도 잊지 않아요. 그때 저희가 조금 장사가 잘되고 괜찮았어요. 그런데 딸이 "엄마가 나 시집갈 때 5000[만 원]만 해주고 나머지 혁이한테 다 줘" [하더라고요]. 그런, 그런 딸이에요, 엄마 같은 누나.

면담자 되게 부모님께 어릴 때부터 성실한 거를 많이 물려받았나 봐요.

강혁 엄마 네. 딸은 참 속 깊은 딸이에요. 한 번도 저 속 썩이고, 제가 한 번, 딸 때문에 한 번도 이렇게 마음 아프고 이렇게 속 썩은 적이 없어요. 아들도 속은 안 썩이는데 애가 좀 음······. 딸이 그래도 조금 애가 똘똘하지. 그래서 항상 더 열심히 아빠랑 저랑 했던 거 같아요. 우리 혁이 때문에 더 했던 거 같아요, 열심히.

면담자   보통 대학교 입학하면 친구들하고 놀고 엠티(MT) 다니고 하느라 바쁜데 굉장히 많이 도움이 되는 따님이네요.

강혁 엄마   네. 토요일, 일요일 같은 경우는 애들이 친구들하고 안 놀고 가게에서 꼭 엄마, 아빠 도와줬어요.

면담자   혁이도 그랬어요?

강혁 엄마   네, 네. 혁이도 친구보다 엄마, 아빠를 더 좋아하고 가족을 더 좋아해요. 막 밖에 나가서 애들하고 안 놀고 가게에서 엄마, 아빠랑 같이 일하고. 속은 안 썩이고 참 착했던 거 같아요.

면담자   부모님 일 때문에 바쁘시면 아이들이 좀 외로움도 많이 느끼고 그럴 수도 있는데, 가게로 나와 있는 것도 쉬운 일은 아닐 것 같아요.

강혁 엄마   네. 그 대신 가게에서 굉장히 재밌었어요. 넷이서 이렇게, 종업원 데리고 이렇게 일하면 정말 광고하시는 분들이 일주일이면 일고여덟 번이 와요, 오셔요. 광고를 그렇게 많이 하니까. 월요일만 되면 이렇게 오셔가지고, 오시는데 우리 애들 용돈도 만 원씩, 2만 원씩 주고 가요. 처음 봤대요. 어쩜 애들이 이렇게 엄마, 아빠 일 도와주고 친구도 안 만나고 [그러냐고 하면서]. 굉장히 재밌었어요. 아빠가 이렇게 그… 아이들, ○○나 혁이나 그 아이들의 저기에 맞춰줘요. 그….

면담자   취향에 좀 맞춰주는 건가요?

강혁 엄마   예, 예. 그 정신연령을 애들한테 맞춰서 일부러 그런대요. 그럼 제가 "아, 철없이 애들한테 왜 그렇게 하냐" 그러면 "거기에 눈높이를 맞춰줘야 애들이, 애들하고 이렇게 재밌게 놀 수 있다"고 이렇게 [말]해요.

면담자   좀 무뚝뚝한 분도 많으실 텐데 아이들한테 맞춰서 해주셨네요.

강혁 엄마   무뚝뚝하지 않아요. 혁이가 그랬어요. "아빠는 친구처럼, 이 세상에서 아빠가 최고 좋다"고 해요. 제가 물어봐도 "아빠가 좋다"고 해요.

면담자   엄마보다 아빠가 더 좋다고.

강혁 엄마   예. 제가 물어봐도 "아빠가 좋다" 그래요. "아빠는 친구 같아서 좋다"고.

면담자   그럼 아이들하고 대화도 많이 하셨겠네요.

강혁 엄마   예, 많이 했죠. 거의 저녁 시간에는 애들 학교 갔다 오면 저녁 시간에는 거의 우리 넷이 있는 편이잖아요. 네, 굉장히 행복했던 것 같아요.

면담자   그 아이들하고 저녁 시간에 가게에서 즐거운 시간을 많이 보내셨는데, 그중에서 특히 기억에 남는 장면이나 일화 같은 게 있으신가요?

강혁 엄마　　　그쵸. 제가 주방에서 일하고 이제 잠깐 홀에 나와서 앉아 있으면 혁이가 어깨도 이렇게 주물러주고, 이렇게 사랑의 표시를 참 잘해요. 그렇게 큰데도 뽀뽀도 잘해요. "엄마. 뽀뽀" 하면 해요. 굉장히 다정한 애기예요. 딸은, 딸은 그렇지 않아요. 딸은 애교도 없고 말도 없어요, 딸은. 근데 아들은 애교도 많고 살가워요.

5
아이의 성격과 교우 관계

면담자　　　고등학교 때까지도 엄마한테 뽀뽀를 해줘요?

강혁 엄마　　　네, 뽀뽀해요. 어깨도 그렇게 잘 주물러주고 굉장히 사랑스러운 아이에요. (목이 메어) 보고 싶은……

면담자　　　특히 그렇게 어머니한테 다정하게 했던 모습이 다른 것보다 더 기억에 남는 이유가 따로 또 있으신 건가요?

강혁 엄마　　　혁이요? 혁이 기억에… 그냥 아이가 천진난만한 거 같아요. 그 나이인데도 굉장히 영혼이 맑은 아이예요. 딸하고는 달라요. 우리 딸은 똑똑하면서 자기주장을 딱 말하는 아이고, 우리 혁이는 하고 싶은 말도 안 하고, 그냥 엄마, 아빠가 해주면 그냥 해주는 걸로 만족하고 욕심이 없어요, 혁이는. 그런 아이니까 (목이 매며) 더 아픈 아이가 된 거예요, 저한테는. 아이가 욕심도 많고, 하고 싶은 것도 많고 막 그래야 되는데, [혁이는] 그렇지 않았어요. 그래서 참 저한테는 아픈 아이였어요.

면담자   아이가 어머님, 아버님 생각을 하면서 하고 싶은 걸 참는다고 느껴졌던 때도 있으세요?

강혁 엄마   그렇죠. 애기가 순하니깐. 순하니까 하고 싶은 것도 말도 안 하고 그냥 혼자 삭이는 거[죠]. 안쓰러워요. 그러지 말라고, 엄마, 아빠가 엄청 너를 사랑하는데 왜 그러냐고 [해도] "난 괜찮은 데", 항상 "난 괜찮은데" 이래요.

면담자   학원을 보내달라고 떼쓰거나 이런 일도 별로 없었겠 네요?

강혁 엄마   학원은 다녔죠, 학원은 다녔고. 학원 다녀도 항상 뒤 에서 맴돌아요. 애가 공부에 취미를[가]… 없고 왜 공부해야 되는 거를 몰라요. 그니깐 안 되겠더라고요. 또 아들인데… 솔직히 딸은 과외 시키는 거 돈 아까웠어요. 근데 아들은 과외도 시켜봤어요. 근데 애가 우울증이 오려 그래요. 공부는 하기 싫은데, 과외 선생 딱 붙여놓으니까. 한 몇 개월 했어요. 한 5개월 정도 했는데 "엄마 나 머리 터질 거 같"대요, "제발 과외 선생님 좀 안 오면 안 되냐"고. 그래서 포기했어요, 중학교 때. 고등학교 가면서는 그냥 제가 다 포기했어요, 다 그냥 욕심을 내려놓고. 안 되겠더라구요. 애가 괜히 우울증 오고 괜히 아프면 그건 아니잖아요. 그래서 선생님한 테 제가 일부러 전화했어요, 고등학교 [선생님한테]…. 혁이는 아무 리 노력해도 공부는 아닌 거 같으니까, 음… 그냥 "스트레스 주지 말라"고 그랬다가 혼났어요, 선생님한테.

면담자　　　담임선생님이요?

강혁 엄마　　　예. 박×× 선생님이요. 지금 하늘나라에 계시는데 "어머니, 부모 맞습니까?" 그리고, 어떻게 그렇게 쉽게 말을 하냐고. 그런데 저는 차라리 다 내려놓으니깐 혁이도 활발해지고 성격도 좋아지고, 저도 괜찮고. '욕심이 거기까지구나' 하고 저는 내려놨어요. 근데 학교도 많이 안 갔어요. 1학년 때, 2학년 때 해서 한 열 번 안 간 거 같아요. 근데 아빠는 몰랐어요.

면담자　　　아, 비밀로 해주셨어요?

강혁 엄마　　　이번에 이렇게 참사가 나고 인제[이제] 이번에 알았어요, 아빠가. 제가 다 비밀로 해줬죠. 왜냐하면 혁이가 거짓말하고 막 그러면은 아빠한테 말해서라도 올바르게 [해야] 하는데, 거짓말은 안 해요. "사실 엄마, 공부하기 싫어서 선생님한테 거짓말하고 아프다고 나왔다"고. 그러면 아프지도 않은 애기를 병원 가서 처방전 해서 결석 처리 안 하거든요. 그렇게 해서 둘이 맛있는 거 먹고, 둘이 맛있는 거 먹고 놀다가 그러고 [저는] 집에, 일단은 집에 가서, 아빠가 인제 배달을 뭐 집에로, [혁이는] 가게로 가요. 그러면 이제 혁이한테 살짝 집에 오라고 하고. 다른 엄마들이 그런 걸 지금 이렇게 됐으니깐 잘한 거라고 하는데, 그때 당시는 엄마로서 그렇게 하면 안 되죠. 근데 그렇게 그냥 살고 싶었어요, 저는. 서로 그냥 스트레스 안 받고 그냥 편하게 살고 싶었어요.

면담자　　　아이가 학교 가지 않는 날엔 어머님이랑 어떤 거 하면서 놀았나요?

강혁 엄마　　그게 잠깐이죠, 그게. 왜냐하면 아빠가 집에서 자고 있을 때예요. 자고 있으면 모르잖아요. 그러니까 아빠 [모르게] 혁이하고 둘이 맛있는 거 먹고, 혁이 그거 아니면 피시(PC)방에 가 있는다든가 [하고] 있고. 인제 아빠가 가게 가면 혁이 오라 그러고. 가게를 인제 안 가고 있으면 인제 혁이를 학교로 보내는 거죠. 예, 혁이하고 저하고만 알았죠.

면담자　　　둘만의 비밀이었네요.

강혁 엄마　　음, 누나 ○○도 알았을 거예요. ○○한테는 말[했고], 아빠만 비밀로. 왜냐면 아빠는 아이들을 위해서 정말 목숨을 내놓고 배달 다니는데. 사고도 많이 났어요, 아빠[가].

면담자　　　오토바이 때문에요?

강혁 엄마　　예. 25년 오토바이를 타고 배달 다녔거든요. 아빠가 혁이한테 실망할 것이고, 또 혁이 얘도 또 혼날 거 아니에요. 그 혼나면 또 혁이는 공부는 아닌데[안 맞는데] 둘 다 스트레스받을까 봐 중간에서 제가 그냥 말 안 [했죠].

면담자　　　누나도 그러면 학교 가기 싫다고 하거나 그러진 않았나요?

강혁 엄마　　아주 ○○는 공부 잘했어요. 애는 중간 이상은 됐던 것 같아요, 그래도.

면담자   혼자서 알아서 잘하니까 과외도.

강혁 엄마   ○○는 학원만 보냈어요. 과외 안 했어요, 돈이 비싸서. 혁이는 공부도 못한 데다가 또 아들이고 그러니까 사회생활도 해야 되는데, 걱정 많이 됐어요. 제 뜻대로 될 줄 알고 했는데, 오히려 더 우울증이 와버리더라고요.

면담자   공부에 취미가 없으면, 다른 쪽에 혹시 좋아하는 활동은 어떤 게 있었나요?

강혁 엄마   그것도 없었어요. 그래서 살이 쪘어요. 그래서 우리가 태권도를 보냈는데, 태권도에서도 애가 순하고, 착하고 순하니까 태권도에서도, 거기서도 이렇게 같이 활동을 못 하더라고요. 그것도 하다 말고.

면담자   뭔가 공격적인 모습은 거의 없었나 보네요.

강혁 엄마   네, 순해요 애기가.

면담자   아이 태몽이 하얀 돼지였다고 들었어요. 어떤 꿈이었어요?

강혁 엄마   근데, 그게요. 참, 하얀 돼지였는데 이 돼지가 저를 보고 있어야 되는데 벽을 보고 있는 거예요. 방에서 같이 돼지하고 같이 누워 있었어요. 근데 엄청 컸어요. 근데 저쪽 벽을 보고 있는 거예요, 돼지가. 옆으로 누워서. 그래서 그 얘기를 아무한테도 못

했어요. 그냥 "나 돼지꿈만 꿨어" 이렇게만 했지 자세한 얘기는 안 했어요. 그런데 이번에 이렇게 되고… 되니까 그 등지고 있는 그 돼지가 슬퍼졌어요. 그래서 언니한테도 처음으로 말했어요. "내가 태몽을 돼지꿈을 꿨는데 이렇게 꿨다"고.

면담자 4월 4일이 아이의 생일이죠.

강혁 엄마 그게 4월 4일이… 4월 5일이 식목일이잖아요. 그니까 그 의사분이 일부러 땡긴 거예요… "병원이 휴진이니깐 4월 4일로 잡읍시다" 해서 그렇게 된 거예요. 수술해서 낳았어요.

면담자 아, 수술하셨어요?

강혁 엄마 네. 아이가 거꾸로 있었어요. 그래서 수술했어요. 아마 우리 혁이는 많이 힘들었을 거예요. 왜냐하면 혁이 가져가지고 장사도 잘됐었어요. 그때 그래서 혁이, 저는 임신인지 몰랐어요, 자꾸 토하면서. 난 병원에서, 혁이 전에, 제가 오른쪽 나팔관이 없어요, 떼어냈어요. 임신하기 힘들다고 그랬거든요. 그래서 '애 못 낳나 보다' 했는데 혁이를 가진 거예요. 그래서 자꾸 저기 내과만 다녔죠. 그런데 임신이라고 그래서, 제가 아빠한테 그런 이야기 한 게 굉장히 지금도 혁이한테 미안한데, "나 애 이렇게 커 가지고, 애 가져갖고는 장사 못 하겠다"고…. 장사가 잘됐었어요. 그니까 힘들잖아요. 아빠가 불쌍하게 [아이를 그럴 수는 없다고] "낳아" 그러고, [그래 갖고] 이렇게 힘들게 낳아줬는데, 어떻게 그런 애기가 우리 혁이였거든요.

굉장히 힘들었어요. 그 일을 다 하면서 주방에서 족발 삶고, 그 땐 감자탕도 했거든요, 같이. 뼈다귀 큰솥으로 하나 삶고 족발 삶고. 그 일 다 하고 나면 애기가 막, 배가 아파서 어떻게 감당을 못 하겠더라고요. 너무 아파요, 일을 하고 나면. 그니까 혁이도 힘들었을 거 아니에요, 안에서. 배 안에서 얼마나 힘들었겠어요. 그니까 애기가 자리를 못 잡은 거예요. 근데 혁이 가져가지고도 그렇게 배 안에서 힘들게 했는데, 우리 혁이가 불쌍하게 그렇게 갈 줄은 몰랐어요, 진짜. 그래서 아빠랑 저랑 그렇게 열심히 했는데, 고생 안 시킬려고 그렇게 열심히 했는데…. 우리 혁이 앞으로, 아빠가 그렇게, 그렇게 아빠가 생활력이 강해 가지고, 일해가지고 혁이 앞으로 아빠가 건물도 사놨었어요. 그거 혁이 걸로, 건물 거기서도 한 350 정도 나오게 세도 해놓고. 아빠가 자기한테는 옷도 진짜 10만 원, 5만 원짜리도 못 사 입어요. 그런데 아이들한테는 메이커 몇십만 원짜리도 사줘요. 배달 갔다 오면요, 카운터에다 애들 사진을 큰 거 달아놔요. 엄청나게 춥고 아프고 손끝이 애리대요[아리대요]. 그러면 아이들을 보면 다시 그 정신을, 다시 '우리 아이들을 위해서 내가 왜 못 하냐' 일부러 사진을 달아놓는대요.

면담자　　　힘 받으려고 그렇게….

강혁 엄마　　　네, 힘 받으려고. 그렇게 산 아빠예요. 어쨌든 우리가 혁이를 못 지켜준 게 꼭 '우리 살려고 이렇게 열심히 했다'는 생각이 들어서 미안하고. 우리 혁이 때문에, 아이들 때문에 이렇게 한 건데 그 뒤로 이렇게 [아무것도 안 하고 있어요]. 지금 3년째 일 안 하고 있어요. 25년 한 가게를 16일 날, 다 [접었어요]. 안 한 게 아니라 못 했어요.

면담자 그 가게를 정리하신 게 몇 년도예요?

강혁 엄마 그 14년도예요.

면담자 아, 바로 정리를 하신 거예요?

강혁 엄마 네 사람…, 거기가 자리가 잡힌 가게라 세 분이서 서로 하겠다고 한 3일 만에 가게가 나간 거 같아요. 할 수가 없었어요. 우리 혁이 모습이 자꾸 떠오를 거 같아서.

면담자 그 가게는 안산에 와서 자리 잡고 계속해 오신 그 자리예요?

강혁 엄마 아뇨. 그 자리는요, 선부동에서. 선부동에 저희 거 상가주택이 있었거든요. 근데 거기서 1층에서 하다가, 하다가 잠깐 "우리 좀, 잠깐 쉬자" 하고 우리 하던 가게는 딴 사람 주고, 잠깐 쉬고 와동에서 또다시 시작했죠. 그 자리는 계속한 자리는 아니고 다른 자리에서 하다가 한 데죠.

면담자 혁이 태어났을 때 첫째 아이가 4살이잖아요. 좀 나이 차이가 있긴 해도 애기 땐데 어땠나요? 둘째, 동생 생겼다고 하니까?

강혁 엄마 좋아하죠. 네, 좋아했죠. 둘이, 근데 둘이 그 후로는 언니가 인제 힘들어지니까 커서는 못 키웠어요. 한 애들 다 2살 때까지만 키워주고 그 뒤로는 언니가, 언니 생활해야 되니깐. 그런데 혁이가 2살, ○○가 6살이잖아요. 둘이서 잘 놀았어요. 둘이서 놀고 우리는 장사하고 그랬던 거 같아요. 잘 봤죠 [동생을], ○○가.

면담자   크게 싸우진 않았었어요? 싸운 일은 없었나요?

강혁 엄마   예. 한 번도 못 본 거 같아요, 둘이 싸우는 거. 한 번 인가 싸운 게 아니고 혁이가…. 금요일 날은, 금요일만 되면요, 우리 장사를 하면 이렇게 세팅을 해놓거든요, 다음 날 팔 거를. 한 5, 60개 세팅을 하는데 금요일 날은 이렇게, 평일 날 이렇게 둘이 꼭 세팅해 놓고 둘이 집에 가요. 근데 평일 날은 막 약간 투덜투덜 해요, 혁이가 뭘 던져요, 이렇게. 이렇게 해가지고 던지면 ○○가 잘 놓으라고 그러면 알았다고 이렇게, 그 정도예요. 누나한테 말대꾸도 안 하고. 그렇게 [싸우는 모습을] 못 봤어요. 그때 딱 한 번 본 거 같아요. 누나는 또 엄마 같으니깐 이해를 하고, 혁이는 또 애기 같으니까 누나한테 말대꾸를 안 해요.

면담자   보통 남자아이가 동생이면 덩치가 컸을 때 누나한테 좀 반항도 하고 그럴 텐데 그러지 않았네요.

강혁 엄마   근데 덩치가 크니까 토요일 날은 둘이 5시면 가게로 나오는데, 그 전에는 이제 영화 보러 가요, 여기 중앙동에 영화 보러. 영화 보러 둘이 잘 다녔어요. 이제 뭐 맛있는 거 먹으러 가고,

낮에는 둘 시간을 줘요, 우리가. 둘이만 놀라니까 가면은, 영화를 보러 가면 혁이가 덩치가 크니까 ○○ 신분증만 딱 보이면 애인인 줄 알고 그냥 "들어가라"고. 그리고 이렇게 오다가 버스가 자리가 하나 딱 비면은 이제 동생이니까 누나가 "혁아 앉아" 그러면 앉아 가지고 잔뜩 샀을 거 아니에요. 그것도 안 받아준대요. 그러면 이거 누나가 "이거는 받아줘야지" 그러고. 둘이 거의 오해를 많이 받는다구요, 둘이 애인 사이라고. 혁이가 덩치가 이제 크잖아요.

면담자　　근데 또 그 정도로 사이가 굉장히 좋았네요.

강혁 엄마　　네. 우리 딸은 다니던 학교도 포기했어요.

면담자　　아… 마음이 아파서.

강혁 엄마　　다닐 수가 없대요. 또 거기 또 과가 유아교육과라 정말 힘들어요. 동생 먼저 결혼시키고 결혼을 한다는 애기고, 또 둘이 껌딱지처럼 항상 붙어 다니고. 인터넷에 뭐 팔잖아요, 중고로. 그러면 혁이 데리고 가고, 무서워서. 혼자 가면 무섭다고 혁이 데리고 가고. 또 우리 혁이는 따라가면 맛있는 거 사주니까 따라가고.

면담자　　굉장히 가정적인 성향인 거 같아요. 아이들 다.

강혁 엄마　　저는 뭐가 최고… 제부도를 갔는데, 펜션 얻어 갔는데 거기서 엑소(EXO)…, 한창 우리 애들 클 때 엑소 한창 인기 있을 때 엑소 그 춤을 누나는 다 인제 외웠어요. 근데 이제 우리가 저녁에 엑소를 틀어놓고 춤 잘 추는 사람[한테] 아빠가 10만 원을 딱 걸었어요, 잘 추는 사람 준다고. 그러니까 누나는 다 외웠으니까 다 하는데 우리 혁이가 한 박자씩 늦는 거예요, 누나 거 보고. 자꾸 생각나요, 그런 게. 저희는 여행을 많이 다녀서 그런 추억이 엄청 많았어요.

면담자   사진도 많이 찍으셨어요?

강혁 엄마   네. 남이섬 가가지고. 남이섬 갔는데 거기서 동동주를 먹여봤어요, 제가. 우리 혁이 그 모습을 볼려고. 근데 너무 이쁜 거야…. 이렇게 술에 취했는데 계속 웃고만 있고. 보고 싶어요…….

면담자   되게 성격이 순하니까 친구들하고도 많이 잘 지냈을 거 같아요. 같은 반에도 친한 친구들도 있었다고 들었는데, 친구들하고의 관계는 좀 어땠었던 걸로 보세요?

강혁 엄마   친한 친구 한두 명하고만 놀아요. 예….

면담자   뭐 초등학교 때나 중학교 때 친구들하고도 계속 연락하고 지냈었나요?

강혁 엄마   초등학교 때는 굉장히 활발했어요. 활발하고 친구도 많았고. 저희가 문방구를 했었거든요, 잠깐. 잠깐 문방구를 했는데 친구들도 많이 데려오고. 그렇게 성격 좋고 활발하고 천진난만했죠. 그런데 이제 중학교 가면서 이제 실, 거기서부터 딱 나오잖아요, 실력이. 초등학교하곤 완전 틀리잖아요. 거기서부터 이제 쟤가 스트레스받으면서 사춘기가 오면서 굉장히 힘들어했어요. 많이 힘들었어요, 그때. 학교도 안 가고. 안 가면 저는 또 아빠한테 비밀로 해주고. 선생님한테도 많이, 제가 좀 선생님이 불러서 많이 갔죠, 학교를 또.

면담자   공부 때문에 스트레스를 많이 받았었나 보네요.

강혁 엄마   그렇죠, 예. 못 따라가니까 아무래도. 학교에서는 공부 못하면 아무래도 왕따…, 게다가 거기다 애기가 순하니까. 또 성격이나 좋아 가지고 활발하면 거기에 같이하는데, 또 순하고 성격도 그렇게 활발하지 않고 그러니까 아무래도 힘들었겠죠.

면담자   짓궂은 아이들 사이에서는 좀 힘들었을 수 있겠네요.

강혁 엄마   고등학교 때 한 번 있었어요. 고등학교 때, 1학년 때, 하도 애기가 순하니까, 덩치는 큰데 순하니까, 옆 반 애기, 애가 쟤 한번 때려보라고 그랬나 봐요, 혁이를 욕하면서. 근데 혁이가 두 번까지는 참았대요. "바보야. 뭐야" 그러고 때리는데, 세 번째는 우리 혁이가 한번 화나면 무서울 때가 한번 있거든요. 그때 집에 와서 그러는데 "엄마, 내가 밟아 죽여버릴라" 그랬대. 왜 그랬냐니까 "바보야, 바보야, 멍청아, 멍청아" 막 탁탁 때리더래요, 두 번을. 그래서 세 번은 못 참겠어서 밟아버렸대. 근데 손이 이렇게 부러… 손이 이렇게 다, 다 저기된 거예요, 다친 거야. 그래 가지고 기브스를 했대요. 선생님 전화가 왔어요. "혁이 어머님, 아마 그 집에서 연락 오면은 다 보상해야 될 거 같아요" 그래서 "당연하죠", 음…. "혁이가 무슨 말 안 했냐" 그래서 "안 했다"고.

근데 학교 갔다 오면서 눈치를 슬슬 봐요, 인제 일은 지가 내고 왔으니까. 이미 저는 인제 선생님한테 들어서 알았는데, "혁아 괜찮아. 근데 엄마한테 솔직히 말하라"고. 그렇게 두 번씩 욕하고 그래서 그랬다고 그랬더니 "어머니가", 인제 선생님이 또 전화 왔어요. "어머니가 오셔서 사과해야 될 것 같다"고. "사과를 해야죠. 병원비도 제가 다 드릴게요", [선생님이] "근데 혁이한테 야단쳤나요?" 그래서 "저 야단 안 쳤는데요?" 그러니까, "어머니 애를 그렇게 가르치냐"고 그러더라고요. "저요… 우리 혁이가 절대로 먼저 때리고 욕할 애가 아니에요. 우리 혁이가 욕하는 거 한 번도 못 들어봤어요. 근데 그 애가 아마 건드려서 그렇게 했을 거예요" 그랬더니 "그래도 그렇게 하시면 안 된다"고. "근데 어, 근데 딸 같으면 제가 야단칩니다, 그러지 말라고. 근데 아들은 앞으로 사회생활도 해야 되고 그런데 바보처럼 맞고 있어야 되겠어요?" 그리고 제가 선생님한테 따졌어요. 근데 선생님이 중간에서 말을 잘 했나 그 부모가 괜찮다고 그러더라고요. 그런 일이 한 번 있었어요. 그러고는 그 뒤로는 애들이 저[자기]를 안 건든다고 그러더라고요.

면담자　　　그때 아이의 다른 면을 좀 보셨겠어요.

강혁 엄마　　그럼요. 근데 아빠가 "혁아 다음에 또, 또 아이들이 그렇게 하면 발로 차. 때리긴 해. 절대 남자는 맞고만 있으면 안 돼, 같이 때려. 그 대신 뭐 연장 같은 거, 칼 같은 거, 가위 같은 건 절대 들지 말고 몸으로만 하라"고. 아빠가 오히려 시키더라고요.

"알았다"고, "알았다"고 하면서, 애가[의] 다른 면을 봤어요.

면담자　　　혼날 줄 알고 집에 왔는데 엄마한테 안 혼나서….

강혁 엄마　　네. 아빠도 안 혼내고 "으" 이러고 들어와요. 이러고 들어오는데 "왜?" 그러니까 "엄마 나 잘못한 게 있어", "아이, 다 들어서 괜찮아". 막 말썽 피우고, 싸우고 다니고 그러면 저희도 그렇게 안 하죠. 근데 그럴 애가 아니니까.

면담자　　　그때 한 번뿐이었던 거죠?

강혁 엄마　　네, 딱 한 번이었어요 그때.

면담자　　　친구들을 가게로 데려오거나 그러진 않았었나요?

강혁 엄마　　가게는 안 데려오는데 집에, 집에 데리고 와서. 중학교 때 한번 여자애 둘인가 우리 집에 온 적 있어요. 왔는데 그 애들은 우리 혁이를 좋아했던 거 같아요, 한 애가. 그런데 혼자 못 오니까 같이 데리고 왔어요. 근데 제가 문을 열어줬어요. 그랬더니 우리 혁이는 아직 그 이성에 관심도 없고 그러는데, 애들이 갑자기 찾아오니까 제가 인제 상을 해서, 과일이랑 해서 이렇게 줬단 말이에요, 혁이 방에다. 그랬더니 둘이만 이야기하고 혁이는 가만히 있는 거예요. 그러더니 놀다가 애들이 가니까 혁이가 저한테 하는 말이 쟤들 다시는 문 열어주지 말래, 쟤들 왜 왔내.

면담자　　　아, 초대를 한 게 아니었어요?

강혁 엄마　　초대 안 했는데 애들이 혁이 보고 싶다고 온 거예요.

혁이를 좋아했나 봐요. 우리 혁이가 겉모습은 굉장히 모범생같이
생겼…(웃음).

면담자   되게 인상이 선하니까 또 친구들이 좋아했겠네요.
눈이 좀 나빴던 거죠, 안경 썼죠?

강혁 엄마   네. 시력이 중학교 가면서, 초등학교 땐 안 썼는데.
아, 초등학교 5학년 때부터 썼구나. 예.

6
진로 희망과 취미생활

면담자   아버님도 눈이 좀 나쁘신가요?

강혁 엄마   예, 저도 그렇고 아빠도 그렇고.

면담자   그… 아이 학교생활이나 이런 거에 대해서 좀 이렇
게 많이 보듬어주시고 하셨는데. 아이가 뭐 진로에 대해서 얘기를
한 적 있었나요?

강혁 엄마   예.

면담자   그 얘기는, 첫째 아이는 유아교육과 가는 거에 대해
서 어머님하고 얘기를 했던 건가요?

강혁 엄마   예, 그럼요. 딸은 저랑 이야기 많이 하죠. 그냥 친구
같은 딸이에요, 친구 같은 딸. 딸은 똑똑하고 야무지고, 어떤 때는

뭐든지 다 잘할 애긴데.

면담자　　　부모님들 모임이 있거나 할 때 아이들하고 같이 가 보신 적도 있으세요?

강혁 엄마　　　없죠. 우리는 딸 낳고는 누구도 안 만나고 이렇게 계속 일만 하고 살았는데. 둘이 그럴 시간이 별로 없었어요. 우리 딸은 유아교육과 다녔어도 항상 희망이 유치원 선생이 아니고, 혁이랑 뭐 하는 거, 나중에 사업 [같이 하는 것이 희망이었어요]. 우리 ○○생각은 졸업하고, 혁이는 대학을 안 갈 생각이었어요, 그냥 커피숍을 우리가 차려주기로 했어요. "커피숍을 차려가지고 둘이 해라. 둘이 하고 나중에 자리 잡히면 혁이를 그거 주고 ○○는 또 따로 하고 [해라]". 그러다 보면 이제, 혁이가 좋은 여자 만나면 이제 결혼하고 ○○도 하고, 이렇게. 그 남이섬 가서 그렇게, 우리가 다 그렇게 서로 의논했던 거 같아요, 졸업하고 이렇게 이렇게 하자.

면담자　　　그 남이섬 갔던 때는 언제쯤이었어요?

강혁 엄마　　　혁이가 고등학교 방학 때였던 같아요.

면담자　　　1학년 방학 때요?

강혁 엄마　　　예, 1학년. 이제 1학년 때, 그때 딱 우리가 앞으로 미래 희망 설계를 다 해놨었는데. 졸업도 똑같이 했거든요, 혁이랑 ○○랑. 그러니깐 딱 이렇게 했었는데…. 족발은 우리가 오래 했지만 아빠나 할 수 있지, 이게 힘든 일이거든요. 우리 혁이는 못해요. 아빠 생각은, 맨날 아빠 생각은 "족발집 차려줄 거야. 뭐 종업원 두고 자기가 뭐, 혁이가 책임자로만 있으면 되는데". 그건 아니거든요, 제 생각은. ○○하고 그렇게 이야기를 했죠. 쉬운 거, 편한 거 하면서 이렇게 해야지 혁이는 못해요, 아빠나 하지. 그렇게 다 계획을 세워놨었는데…….

면담자　　　둘이 4살 터울이다 보니까 초등학교 졸업할 때 중학교 졸업하고 이렇게 했겠네요.

강혁 엄마　　예, 거의. 그러다가 인제 ○○가 3년제로 가니까 혁이랑 똑같이 좀.

면담자　　　그럼 ○○는 공부도 잘하고 알아서 잘하는 편이라서 혁이 학교생활이나 공부 이런 거 좀 도와주겠다 하진 않았나요?

강혁 엄마　　○○도 잘하진 않고 중간이었어요. 〈비공개〉 중간쯤은 했던 거 같아요, 그래도 항상.

면담자　　　그럼 혁이는 취미활동 같은 거, 게임 어떤 걸 좋아한다든지 아니면….

강혁 엄마　　축구 같은 거… 축구게임 되게 좋아해요. 야구, 운동을 좋아해요, 나가서 하는 것도 좋아하고. 근데 아빠가 바쁘니까 많이 못 놀아준 걸 굉장히 마음 아파하더라고요. 가끔은 놀아주는데 많이 못 놀아줬어요. 축구하고 야구를 좋아해요. 축구 하는 날은 아빠가 "엄마 잠들면 살짝 거실로 나와" 그러고, 혁이, 아들하고 보고 둘이 보고 막 지각하고.

면담자　　　새벽 게임도 막 보고 그랬어요?

강혁 엄마　　예, 둘이. "엄마 잠들면 살짝 나오라"고. 저하고 혁이하고 같이 잤거든요.

면담자　　　커서도 엄마 옆에서 자려고 했던 거예요?

강혁 엄마　　예. 제가 한번은 떼어놓으려고 혁이 방을 정말 멋있게 꾸며줬어요. 도배도 지도로 해주고, 막 지도로 해가꾀[해가지고] 멋있게 꾸며줬어요, 혁이 방을. 근데 재우려고 혁이 방을, "혁아 여기서 자, 이제", [그랬더니] 알았대요. [그런데] 새벽에 와버렸어요. "엄마 무섭다"고, 도저히 못 잔다고. 한 번도 혼자 지 방에서 안 잤어요. 방만 꾸며놓고 그냥 빈방으로 맨날 있었어요. 엄마하고 자요. 엄마하고 자는 거 좋아해요. 혁이가 아토피가 심해요. 아토피가 심해서 정말 이불도 면으로만 깔아줘야 되고 굉장히 깨끗해야 돼요. 안방은 항상 깨끗했어요, 혁이 때문에.

면담자　　　밤에 간지러워하면 약도 발라주시고 그래야 되는 거죠.

강혁 엄마　　예, 예. 약 발라야 되니까. 그러니까 음, 자다가 긁으면 약 발라줘야 되고. 혁이는 저 없이, 저 없으면 안 되는 애기였어요.

면담자　　　아토피는 태어나서부터 있던 거예요?

강혁 엄마　　예. 태어날 때부터 아토피가 심했어요. 근데 살이 찌면서 더 심해지더라고요.

면담자   애기 때 좀 고생을 많이 했겠어요. 계속 울고, 긁고.

강혁 엄마   음…, 이모가 2살까지 키웠으니까 이모가 고생했겠죠. 인제 그 이후로는 뭐 저랑 같이 자니까. 깨끗이만 씻기면 돼요. 항상 깨끗이 씻기고 약 발라주고 공기 이렇게…. 아토피가 옛날에 '왕자병'이라고 그러잖아요. 그렇게 키워야 되는….

면담자   먹는 것도 신경 많이 쓰이시죠.

강혁 엄마   먹는 건 워낙 잘 먹으니깐, 먹는 거에는 [간섭을] 못하겠더라고요. 근데 이렇게 생활 습관을, 이런 데서는 제가 많이…[조심하게 했어요].

면담자   새벽에 아빠랑 축구 종종 보면은, 오히려 그런 날은 더 바쁘실 텐데 그때 시간을 좀 내서 같이 봐주신 거예요?

강혁 엄마   음… 집에 인제 오잖아요. 어쩔 땐 이제 막 바빠. 엄청 바쁜데 혁이가 막 집에 오라고 그런대요.

면담자   같이 보자고요?

강혁 엄마   엄마 잠들었다고. 토요일 날은 가게에서, 아빠가 토요일은 집에 안 와요, 가게에서 자고. 24시간을 해요. 자다가 배달 가고 자다 배달 가고 해요. 근데 토요일 날은 집에 안 와요, 혁이가. 아빠하고 가게에서 잔다고 그래요. 거기 가게에 있으면 맛있는 것도 아빠가 막 해주고. 배달 갔다 오면서 사다가 먹이고 그러니까 아빠하고 있으면 좋잖아요. 그리고 이튿날 데려가서 아빠가 막 뭐 사주고. 토요일만, 일주일 중에 토요일은 아빠하고 자요, 가게에서.

면담자　　　누나도 그렇고 온 가족의 사랑을 되게 듬뿍 받았던 거 같아요.

강혁 엄마　　사랑은 정말 많이 받은 애기예요. 이모, 이모부터 이모부부터 해서 엄마, 할머니도. 손주 중에 할머니도, 외할머니, 외할머니[도] 손주 중에 혁이를 최고 이뻐했어요. 혁이가 영혼이 맑은 애기잖아요. 그러니까 아무도 손주들이 "놀러 와라", "집에 와라" 안 하는데, 혁이는 그렇게 할머니한테 "할머니, 우리 집에 오세요. 보고 싶어요", 그리고 할머니가 오면 또 할머니하고 자줘요. 혁이 방에다 제가 딱 이제 엄마 오면은 한두 달씩 있다가 가시거든요. 그러면 혁이 방에다 제가 이렇게 이부자리 해주면 "할머니 자요" [하면서] 어느 때는 잘 때도 있고, 어느 때는 새벽에 또 안방으로 와요. "왜 왔냐" 그러면 "할머니 재워놓고 왔다"고. 착해요. 안 이뻐할 수가 없어요, 엄마가.

면담자　　　남자아이들이 사춘기가 오면 혼자 있고 싶어 할 때도 많이 있는데 안 그랬나요?

강혁 엄마　　아, 우리 애기는 사춘기도 아니고, 뭐 이성도 모르고. 사춘기도 그냥 어설피 애기처럼 지나갔던 거 같아요. 고등학생 돼도 아무렇지도 않대요. 누나랑 엄마랑 뭐 이렇게 저기 해도, 막 샤워하면서도 열어놓고 샤워하면, 누나가 "야, 문 닫고 샤워하라"

고 그 정도로. 누나도 누나 같지 않고 그냥 엄마 같은가 봐.

7
사건 전후 정치 참여 의식의 변화

면담자　　　그전에 혹시 정치나 아니면 투표에 대해서 아이들이나 남편분하고 얘기를 좀 하시거나, 같이 투표하러 가시거나 그런 적 있으세요?

강혁 엄마　　　있죠. 꼭 가죠. 아빠가 굉장히 그건 철저히 하거든요.

면담자　　　그전부터 좀 관심이 평소에도 많이 있으셨나 보네요.

강혁 엄마　　　음…, 좀 전라도 분들은 좀, 그게 좀 심하잖아요.

면담자　　　그럼 고향은 같은 거예요?

강혁 엄마　　　예. 아빠는 순창이에요.

면담자　　　아…, 그럼 정치에 대해서도 약간 비판적인 시선이 있으셨나요?

강혁 엄마　　　그렇죠. 저는 정치, 이번 세월호 참사 일어나고 이렇게 엄청난 일을 당하고 아… 정치가 참 믿을 수 없어요. 예, 믿을 수도 없고 믿음도 안 가고. 자기 이익만 따지는 것 같아요, 정치인들은 다. 배려라는 것도 없고 오직 자기 이익. 어떻게… 어떻게 믿고 하겠어요. 어떻게 믿겠어요.

면담자   사고 전에도 좀 그렇게 생각하시는 편이셨어요?

강혁 엄마   아니죠, 전혀. 사고 전에는, 이런 일이 있기 전에는 그냥. 이게 이것도 이기주의죠, 한편 사실은. 저는 그렇게 '어떻게 그럴 수가 있지?' 그러고 그냥, 내가 살기 바쁘니까 '어머 안됐다' 이 정도였어요. 내가 이렇게 당해보고 피부로 느끼니까 하… '이런 거구나' 그래서 꼭, 그래서 꼭 밝혀야 되고 진실 규명 꼭 해야 되고. 이 법을 완전히 정말 바꾸지 않고는 계속 이렇게 갈 거 아니에요, 그죠? 그래서 저는 멈출 수가 없더라구요, 끝까지. 진짜 부모라면 끝까지 밝혀내야죠. 우리 눈으로 두 눈으로 똑똑히 봤는데. (울먹이며) 우리 소중한 자식들이 이렇게 정말 억울하게 그 침몰된 걸 봤는데…, 꼭 밝히고 [싶어요]. 너무 오래 걸린 거 같아요. 올해 안에는 꼭 그렇게 다 밝혀지고, 다 이렇게 진실 규명됐으면 좋겠어요. 너무 오래가면 우리 유가족 부모님들 오래 못 살아요….

8
수학여행 참여 계기

면담자   이제 사고 당일에 대해서 좀 여쭤보고 싶은데요. 원래 혁이가 수학여행 안 가겠다고 했었죠. 그 안 가겠다는 이유가 어떤 거였어요?

강혁 엄마   그게요, 우리가 수학여행 가기 전달, 3월 27일 날.

4월 4일이 우리 혁이 생일인데, 그날 보니까 금요일이더라고요. 그래서 우리가 제주도로 여행 가기로 했었거든요. 근데 금요일 날은 우리가 금, 토, 일은 가게 문을 안 닫아요, 장사가 잘되니까. 근데 미리 땡겨서 "우리 그러면 월화수목 3박 4일로 가자" 해서 학교 저기다 말하고 빼서 갔다 왔어요. 그러니까 갔다 왔으니까, 혁이가 아빠한테 가게에서 "나는 수학여행. 아니 휴가, 저기 제주도 갔다 왔으니까 난 수학여행은 안 갈래. 제주도 두 번 가기 싫어" 그랬대요. 근데 그 말을 누나한테, 저한테만 한 번 했어도 이렇게 서로 의논이라도 했는데, 아빠한테만 토요일 날 했대요. 같이 자면서 했대요. 근데 아빠가 "너만 빠지면, 다 갔다 오면 수학여행 말하고 막 재밌는 이야기 하고 또 졸업장에도, 그 졸업앨범에도 다 이렇게 할 텐데 너 없으면 안 돼. 갔다 와" 그러니까, 이제 그렇게 하다가 혁이는 그 전에 제출서를 줬는데, 혁이는 가기 싫으니까 지가 싸인[사인]을 한 거예요. 아빠 "강대한" 하고 싸인 동그라미 막 끄적거려 놨더라고요. 그리고 "강혁" 해놓고 끄적거려 놓고. 그래 갖고 이미 제출해 놓고 아빠한테 물어보는 거예요, 안 간다고.

면담자   안 가겠다고 제출을 한 거예요?

강혁 엄마   예, 안 가겠다고 해놓고 아빠한테 물어본 거예요. 근데 아빠는, 우린 날짜도 몰랐어요, 혁이가 날짜를 말 안 하니까. 혼자 다 해서 내버렸기 때문에. 근데 아빠는 이제 혁이가 "나 사실 아빠, 가기 싫어서 이렇게 해갖고 제출해서 냈어"[라고 말을 안 했던 거예요].

아까 말했잖아요, 자기표현을 못 한다고. 그러니까 말을 [자세히] 않고 아빠한테 하니까, 아빠는 이제 그거도 모르니까 "가라" 했고.

갑자기 15일 날 혁이가 집으로 왔어요, 점심 1시 반에. 그래서 저는 "혁아 너 공부하러… 오늘 왜 갑자기 집으로 온 거야?" 그러니까, 혁이가 원래 저한테 전화를 해요. 학교 안 갈려면 집을 안 와요, 아빠가 있기 때문에. 전화를 하는데 그날은 왔어요. 왔는데 "왜 학교에서 와버렸어?" 그러니까, "엄마 사실 오늘 수학여행 가. 근데 내가 챙겨간다고 챙겨갔는데". 아침에 있잖아요, 아빠가 항상 아침에 밥을 주고 혁이 보내놓고 자는데, 그날따라 아빠가 잠들어 버렸대요. 밥도 안 먹었어요, 개가. 그러니까 아빠는 모르는 거예요. 그래 갖고 막 옷들을 찾아요. 그래서 제가 예감이 이상해서, 우리 혁이가 저한테 그런 걸[가기 싫은 내색을] 보였잖아요, 계속. 그래서 예감이 이상해서, "혁아, 잠깐만" 하고 선생님한테 전화를 했어요. "선생님 혁이가 집에를 왔어요. 무슨 수학여행을 가요?" 그러니까 "아유 어머니, 수학여행을 간"대요. "저는 이제서 알았어요" 그리고 "근데 선생님, 여행 처리해 주면 안 될까요? 혁이가 집에 온 거는 가기 싫어서 그런 거 같아요" [그랬더니] 선생이 "어머니, 갑자기는 안 됩니다. 갑자기 이렇게 여행 처리해 달라 그러면 안 돼요. 혁이 보내주실래요?" 그래서 갑자기 선생님이 안 된다는데, 어떻게 제 마음대로 안 보낼 순 없잖아요.

그래서 옷 챙겨서 신발이, 가라고 하고 [보니까] 신발을 헌 거를 신고 가요. "혁아 왜 헌 거 신어. 새 거 신고 가야지" 그랬더니, 가

강혁 엄마 조순애

기 싫었던 거예요. 그러니까 표현을 했으면 됐는데 표현을, 발을 이렇게, 신발을 이렇게 차요. "아, 됐다고" 하면서 신발을 차고, 그거[헌 신발을] 신고 갔어요. 또 저는 [선생님이] "늦으니까 어머니 빨리 보내주세요" 그래서, 또 막 둘이 뛰어서, 뛰어서 택시를 잡아서 혁이를 보냈어요. 근데 선생이 전화가 왔어요. 혁이가 40분이, 간 지가 40분이 됐는데, 택시로 5분이면 가요. 근데 40분이 돼도 안 온다는 거예요. 그래서 제가 "거봐요, 선생님. 혁이가 가기 싫어 그러니까 안 들어가는 거 아니에요. 진짜 혁이 안 들어오면 여행 처리해 주세요" 근데 그러고 이제 끊었단 말이에요.

근데 그러고 나중에 혁이 아빠가 일어났어요. 혁이가 핸드폰을 놓고, 혁이가[한테] 아빠가 일주일 전에 핸드폰을 100만 원짜리를 사줬어요. 그 배달 가다가 혁이한테 고르라 하고, 자기는 배달 갖다주고 오면서 이제 온 거예요. 근데 아빠가 그랬대요. "너 이 핸드폰 잃어먹으면 아빠한테 혼날 줄 알라"고. 그러니까 혁이가 무서우니까 핸드폰을 놓고 간 거예요, 집에다. 그래서 제가 "혁이가 핸드폰을 놓고 갔다"고. "자기가 그런 말을 해서 놓고 간 거 아니야?" 그랬더니, 혁이 아빠[가] 막 뭐라 그러는 거예요. "애가 핸드폰도 없이 어떡해. 연락도 해야 되고. 애들 다 모이면 게임하는데 혁이는 뭐하냐"고 "갖다줘야 된다"고. 밧데리[배터리]랑 인제 봉지에 담아가지고 선생님한테 전화를 했어요. "선생님 제가, 아빠가, 핸드폰을 혁이가 놓고 갔는데 이것만 전해줄려고 그래요" 그랬더니, 선생님이 거짓말을 했어요.

면담자   뭐라고 그랬어요?

강혁 엄마   2시 반에 버스가 떠나니까 핸드폰 갖고 오지 말라고. 근데 저는 그때 당시는 거짓말인지 몰랐어요. 그래서, 인제 엄마들 하고 서명 다니면서 인제 말끝에 어떤 엄마가, 우리 반 엄마가 "나 4시 반에 우리 아들 막 과자랑 뭐랑 사다 줬어" 그래서 "어머, 언니. 2시 반에 선생님이 버스 떠난다고 해서 우리는 핸드폰도 못 전해줬는데?" [했더니] "아니야, 수업 끝나고 갔어" 그러는 거예요. 그러니까 선생은 제가 핸드폰을 전해준다고 하면서 혁이를 데려가 버릴까 봐, 서류상엔 그렇게 안 간다고 돼 있기, 혁이가 [작성]했잖아요. 〈비공개〉 근데 저는 그때 당시에는 그게 아니었어요. 혁이 데려올 생각은 없었어요. 왜냐면 어차피 선생님이 갑자기는 안 된다고 했고, 그냥 핸드폰만 전해줄려고 그렇게 한 건데, [선생님이] 거짓말을 했어요. 그래 가지고 7시쯤, 또 인제 장사하다가 7시쯤 돼서 선생님한테 전화를 했어요. "선생님 우리 혁이 어떻게 하고 있어요. 우리 혁이 핸드폰도 안 갖고 가고, 통화도 못 하고" 그렇다니까, "어머니 혁이 밥 먹으러 내려갔으니까, 혁이 오면 꼭 제 전화로 하라고 할게요" 그랬거든요. 전화도 안 왔어…. 그러고 선생이 그랬어요. "어머니 혁이 핸드폰 안 갖고 왔으니까, 자꾸 어머니 걱정되니까 제가 제주도 가서도 항상 옆에다 데꼬[데리고] 다닐게요. 혁이는 더 신경 쓸게요" 이랬거든요.

진짜 신경 써서 혁이 안산까지 잘 데리고 온다고 했고, 여행 처리해 달라니까 갑자기 안 된다고 했고, 또 전화도 거짓말해서 못 전해줬고, 또 저녁 7시에도 전화도 통화도 안 했[고], 그러면 자기가 혁이 오면은 자기 걸로 하라고 한다 했잖아요. 안 했어요. 〈비공개〉 저는 처음에 혁이 핸드폰에, 책상에 놓고 왔는데 막 애들이 막 카톡이 뜨는 거예요. "애들아 살아서 보자", "선생님은 구명조끼 입으셨나요?" 막 그러는 거예요. 그래서 내가 이렇게 보면서 '뭐 애들이 이런 장난을 치지? 어유 장난도 짓궂다' 하고 있는데, 언니가 빨리 TV 틀어보래요. "야, 단원고 배가 어떻게 됐대, 세월호 배", [그래서] 집에 와[서], 거실에 와 TV를 딱 트니까 막 그런 게 나오는 거예요. 아유, 아빠랑 저랑 정신없이, "전원 구조"라고 나왔잖아요. 그래도 ○○가 "엄마 믿을 수 없다"고 "빨리 학교로 가보자"고. 그래서 택시 타고 학교로 왔는데, 계속 막 전, 막 애들 그거[생존자 명단이] 나오는 거예요. 또 믿을 수 없다고 그래 가지고, 버스를 타고 진도로 갔었죠. 갔는데 이렇게, 거기 뭐야, 생존자 아이들 그… 명단이 있는데, 이렇게 찾는데 우리 혁이가 없는 거예요. 거기서 제가 기절해 갖고 MBC 방송국에서 저를 찍, 그 기절한 걸 찍어가지고, 구급차에다 신고 가는 거를, 사람 진짜 초라한 거를 태워갖고[찍어가지고] 가고, MBC[에] 계속 방송에 나와버린 거예요. 그래[서] 엄마도 알아버리고 친구도 온[통] 다 알아버리고, 동네고 [뭐고 다 알아버렸어요]. 원래 그렇게 하면 안 된다매요. 이렇게 모자이크 처리해서 해야 되는데 그냥 저를 막 계속 MBC 방송국에 계속 내버린 거예요.

면담자   얼굴이 다 나온 거예요?

강혁 엄마   예, 예. 얼굴이 다 나오게. 근데 여기 가족대책위에
서는 처음에는 그랬거든요. "그런 걸 다 고발하지. 왜 놔두냐"는데
그때 당시는 정신도 없었고, 아주 선생도 막 힘들고. 저희가 2학년
4반 선생 형사고발 해놨었어요, 민사가 아니고 [형사로]. 왜냐하면
은 그 선생이 잘못이잖아요. 그렇게 해서 데려간 것도 잘못이고,
저한테 거짓말했고, 또 자기만 [나오고] 애들, 애들한테 그 마지막에
[가만있으라고 하고]. 제가 교육청 가서 그 카톡을 보여줬어요, 교육
감한테. 그랬더니 이거는 살인죄래요. 아이들한테 그… 제자들한
테 "그 자리에 가만있으라" 그러고 자기만 살아나오고. "가만있으
라" 그러면 안 되잖아요, 자기만 살아 나와버리고. 그게 카톡에 다
[남아 있어요]. 그래서 모든 게 다 선생이 잘못이잖아요. 그래서 제
가 형사고발 해놨는데 [그 선생이] 뭐라고 말을 [했는지] 나오긴 나왔
을 거예요. 형사고발인데 뭐라고 말을 했나, 기각당했어요. 그래서
또다시 제가 항고를 해놨어요. 또 기각당했어요, 근데. 근데 저는
그때 당시는 박근혜도 잘못이 크지만 선생이 더 원망스러운 거예
요. 이 거짓말을 해서 우리 혁이를 데리고 가서 이렇게, 이렇게 했
다는 게, 막. 그 분노… 아, 미치겠더라고요.

면담자   그 당일에 휴대폰을 먼저, 제일 먼저 보셨던 거네요.

강혁 엄마   그렇죠, 제가 먼저.

면담자   그게 몇 시쯤이었는지 혹시 기억나시나요?

강혁 엄마   그거 우리 집에 다 빼놓은 거 있어요. 그때니까 한 8시, 8시 몇 분 됐겠죠.

면담자   오전에 상황을 전혀 모르고 계신 상태에서 휴대폰으로 카톡이 와서.

강혁 엄마   예. 그래서 알았죠.

면담자   이상하다고 생각을 하다가 뉴스를.

강혁 엄마   그리고 TV를 트니까 뉴스 보고 알았죠.

면담자   그러고 학교를 갔다가 진도로 내려가신 거예요?

강혁 엄마   네. 학교 갔다가, 학교에서 계속 그 게시판에 뜨는데 믿을 수가 없잖아요. 직접 가서 봐야지.

면담자   오전에 카톡 보고, 뉴스 보면서 그 담임선생님하고 또 통화 시도를 해보신 적 있으세요?

강혁 엄마   안 받죠. 우리가 계속 문자는 보냈죠. 문자는 보냈는데 안 받았어요. 안 받았어요. 그 담임선생은 우리 반에 4반 호연이 엄마라고 반장 엄마 있어요. 그 엄마는 진도체육관에서 선생을 만났대요. 만나 갖고 "선생님, 우리 호연이는, 호연이는" 그러니까 "아, 호연이 저랑 같이 있었어요. 나올 거예요" 이렇게만 말하더래요. 근데 제가 이렇게 저기[실신] 해가지고 눈을 떴을 때, 한국병원에서 그 선생 인터뷰하는 거 제가 봤어요, TV에서.

면담자   TV로 보셨어요?

강혁 엄마   우리 딸이 저게 혁이 담임선생님이라고 보라고 해서 봤는데 음… 어떻게… "어떻게 구조되어서 나왔냐"고 그러니까 "더 머뭇거리면 죽을 거 같아서 자기가 뛰쳐, 뛰어서 내려서 나왔다"고 그런 거. 그때 당시는 다 제자들이 살았을 거라고 생각하고 자기 있는 그대로를 말한 거예요. 근데 이제 거기 난리 난 거죠. 제자들은 내팽개쳐 놓고 저만 살아서 나왔다고.

면담자   그때 기분이 좀 어떠셨어요?

강혁 엄마   (한숨) 진짜… 인간이기 때문에, 부모고 인간이기 때문에 그 순간은 죽이고 싶었어요. 선생이 진짜… 선생님이고, 박근혜 대… 박근혜 대통령이라고 부르기도 싫은데, 다 죽여버리고 싶었어요, 예, 오직 정말. '아, 이래서 살인이라는 것도 나는구나' 하고 [생각되더라고요]. 왜냐면 그렇게 보고 싶은 내 새끼를 못 보는데, 못 보게끔 만들었잖아요. 근데 용서가 안 되잖아요. 예… 제가 뭐, 그런 말도 있잖아요. 죄는 미워해도 사람은 미워하지 말라고. 그때 당시에는 사람도 미웠어요, 예. 어떻게 죄를 졌는데 사람이 이쁠 수가 있어요.

면담자   혁이랑은 학교로 출발한 이후부터 한 번도 연락이 다른 경로로도 된 적이 없는 거예요?

강혁 엄마	이 반 선생이요?

면담자	혁이랑 어머님이랑. 혁이가 친구를 통해서 연락을 한다든지, 안부 연락이 왔다든지 그런 건 한 번도 없는 건가요?

강혁 엄마	학교 다닐 때요?

면담자	그날 출발하고 난 후에요. 휴대폰을 놓고 갔잖아요.

강혁 엄마	네. 후에는 없었어요, 휴대폰을 안 갖고 갔으니까. 또 혁이가 활발하면 친구에게 빌려서라도 엄마한테, 아빠한테 하는데, 그런 아이가 아니잖아요. 핸드폰도 못 전하게 해준 선생이 거짓말해 갖고… 목소리도 못 들었어요, 그 선생 때문에.

10
아이를 다시 만나는 과정

면담자	그럼 병원에는 얼마나 계셨어요? 그때 기절하시고 병원에 실려 가시고.

강혁 엄마	저는 혁이가 일주일 만에 나왔는데요. 하루에 한 번씩 거의 병원에만 있었던 생각이 들어요. 왜냐하면 제가 눈을 딱 뜨면은 병원이에요. 또 눈을 뜨면 병원이에요. 일주일 동안 이 손이 파랬어요, 하도 [주사를] 맞아가지고. 눈뜨고 인제 막 제가 인제 체육관에 "우리 혁이 찾아야 한다"고, 이제 막 "데려다 달라"고 [해

서 체육관에] 오면은 또 그, 그 있잖아요. TV에 보면은 막 또 울다가 안 먹, 못 먹지, 계속 혁이 생각나지, 우니까 저도 모르게 막 이렇게 쓰러지는 거예요. 정신을 잃어버리는 거예요. 일주일 [동안] 하루에 한 번씩 [병원에] 갔던 거 같아요.

면담자   그럼 계속 탈진 상태셨겠네요.

강혁 엄마   예, 계속 탈진 그러고 있었어요. 제가 원래 한 50킬로 정도 나갔었거든요. 근데 혁이 다 이렇게 하늘나라 보내고 영안실 다 하고 집에 왔는데 한… 한 달 만에 사우나를 갔는데 38킬로 나가더라고요.

면담자   10킬로 이상 빠졌던 거예요?

강혁 엄마   예, 한 12킬로 빠졌었어요.

면담자   그때 어머님이 기절… 탈진하시고 병원에 실려 가시고 하니까, 아버님도 어머님 옆에 계셨던 거겠네요.

강혁 엄마   아니요. 아빠는 진도체육관에 있었고요. 계속 오빠랑 언니랑 있었고. 딸이, 오빠하고 딸하고 저 항상 옆에서 이렇게 있었던…. 한번은 제가 눈을 떴는데, 제가 이거 링거를 맞고 있는데, 제가 빼고 온 적도 있어요. 빼고 택시 타고 다시 체육관으로 온 적도 있어요, 우리 혁이 찾아야 한다고.

면담자   근데 일주일 만에 다시 아이를 다시 만나셨잖아요. 그때 가방은 또 따로 나중에 찾게 되고. 아이를 만나게 됐던 날, 아침부터 혹시 기억이 좀 나세요?

강혁 엄마   아침에, 아침에 혁이 아빠가, 새벽에 아침, 새벽에, 아침 되는 새벽에 혁이 아빠가 인나더니[일어나더니] "오늘 혁이", 참 신기해요. "혁이 오늘 올라올 거야", "왜?" 그랬더니 꿈에, 꿈에 혁이가 자기 곁으로 왔다는 거예요. 근데 1시간이나 있으니까 오빠가 전화, 오빠는 팽목항에 있었어요, 저는 진도체육관에 있고. 전화가 왔어요, 오빠가. 혁이 찾았다고. 근데 이렇게 항상, 이렇게 거기에, 아이 그 저기가, 아이의 그 모습이 항상 이렇게 뭐, 뭐 입었고 그런 걸 항상 이렇게 [TV 화면에 올렸었거든요].

면담자   TV 화면에?

강혁 엄마   올라왔었는데, 우리 혁이가 그게 올라왔었어요. 근데 거의 비슷했었어요. 그래서 가서….

면담자   그 전에는 혁이 꿈을 꾼 적이 없으셨던 거예요?

강혁 엄마   네, 저는. 그 전에 그 체육관에서요?

면담자   아… 아이 만나기 전에, 16일부터 사이에.

강혁 엄마   16일… [혁이 찾은] 이후로는 많이 꿨는데 이전에는, 저는 안 꿨어요. 아빠가 꿨어요. 그래 가지고 신기하게도 아빠가 "혁이 올라왔다"고 꿈에, 자기, 자기한테 왔다고. 근데 1시간 있으니까 진짜 연락 왔어요, 오빠한테서.

면담자   혹시 그때, 아버님이 꿈에서 혁이를 만났을 때 혁이 모습이 어땠는지에 대해서도 좀 말씀을 해주셨나요?

강혁 엄마   그건 안 했어요.

면담자   그냥 "만났다"?

강혁 엄마   예. 만났다고만 했어요.

면담자   그래서 그때 팽목으로 가셨겠네요.

강혁 엄마   예. 팽목으로 갔는데… 가서 우리 혁이를 보여주는데, 이… 그냥 편히 누워서 있는데 이 손, 이게 피부가, 얼굴이랑 피부가, 피부는 그대로 살아 있었어요. 그대로 있었어요. 근데 제가 가자마자 우리 혁이한테 입술에 뽀뽀 두 번 했어요. 뽀뽀 두 번 하고 이렇게 머리도 만지고, 얼굴도 이렇게 만지고. 이 입술에 피가 있었어요…. 그러더니 [그 이후로] 잘라고만[자려고] 하면, 눈만 감으면 우리 혁이 그 모습이……. (눈물로 말을 못 이음) 머리에서 지워지지가 않아. 우리 혁이 그 모습이 지워지지가 않아요.

면담자   입에 상처가 나 있었던 거예요?

강혁 엄마   상처는 모르겠는데요, 피가 묻어 있었어요. 다쳤나… 어디다 부딪쳐 갖고 다쳤나 봐요…. 제가 이렇게 힘들다고, 피한다고 우리 혁이가 돌아오는 건 아니잖아요. 억울하니까 밝혀야 하잖아요. 솔직히 이런 거[구술증언을] 하면 힘들고 막 생각나면 힘든데, 저 힘들다고 [안 할 수 없어요]…. 집에서 가족끼리 아빠랑 있을 때는 우리 혁이 말을 안 해요, 서로 안 해요. 우리 혁이 이름만, 이름만 불러도 가슴이 터질 거 같아요. 어떤 아이고 어떻게 키웠는데. 우리 언니가 저한테 그랬는데 "너 혁이 장가보내면 어떻게 살 거냐"고. 우리 엄마도요, 몇 년 더 살 건데 눈만 뜨면 혁이 사진 옆에 놓고 하루 종일 울고 있다고 그러더라고요. "혁아, 혁아, 혁아, 할머니가 보고 싶어" 그러면서 "맨날맨날 울었다"고 그랬더라고요. 우니까 뭘 못 잡수고. 1월 13일, 우리 엄마 49재예요. 우리 혁이 이름만 부르다 돌아가신 분이에요. 이게 오래가잖아요. 이게 오래가면 유가족 부모님들도 오래 못 살아요. 진짜 눈만, 눈뜨고 그냥 배고프니까 먹지, 이 마음이랑 정신이랑은 이미 저세상 사람 같아요. 어떻게 세상에 이런 일이 있을 수……. 저는 지금도 우리 혁이 머리카락, 머리카락 한 번씩 만져요. 만질 수 있는 게 그거밖에 없어요, 옷하고. 한동안은 제가 지갑에 넣어갖고 다니는데, 우리 딸이 잃어버린다고 집에 놓고 다니라고.

면담자　머리카락을 따로 가지고 계신 거예요?

강혁 엄마　제가 가만히 이렇게 생각하고 있었는데, 그때가 5월 달쯤 됐어요. 우리 혁이 가방이 올라왔어요. 한 달 만인데, 가만히 생각했는데 우리 혁이 누나가 3일 전엔가 후드티를 사줬어요, 혁이를. 그거를 혁이가 계속 입고 있었어요. 그런데 제가 세탁을 안 했어요. 그래서 거기서 햇빛에 가서 이렇게 거기서 여섯 갠가 찾았어요, 우리 혁이 거를. 머리가 까맣고 두꺼웠어요. 우리 애기 거. 그래서 그거, 그거 언릉[바로] 갖다가 문방구 가서 코팅했어요.

[지갑에] 넣어가지고 제가 평생, 제가 눈감을 때까지 갖고 있으려고요. 제가 우리 혁이가 보고 싶고 만지고 싶으면 우리 혁이 패딩 옷에다 제 손을 넣고, 제 손인데 '우리 혁이 손이다' 하고 만지고 그래요, 제가요. 너무 보고 싶고, 너무 보고 싶고 만지고 싶으면 그래요. '조금만 덜 좋아할걸. 조금만 덜 좋아할걸', 저는 우리 혁이한테 미쳐서 살았어요. 우리 혁이가 학교 갔다 오면은 보충수업도 안 하고 집에 와요. 제가 선생님한테 시키지 말라고 그랬어요. 그럼 이렇게 시계를 봐요. 친구들도 안 만나고 말짓도[미운 짓도] 안 하니까 곧바로 집 아니면 가게로 와요. 그때부터 저는 재미가 나서 막 일을 해도, 뭘 해도 재밌었어요. 그만 울게요. 선생님 다른 거 물어보세요.

면담자　예, 죄송해요. 아이를 다시 만나신 날에 아이가 입고 있었던 옷은 그 전날 떠날 때랑 같은 옷이었나요?

강혁 엄마　아니죠. 떠날 때 아, 그 우리 그거는 같이, 우리 혁이랑 입고 하늘나라 갔잖아요. 갖고 올 수도 없잖아요.

면담자　구명조끼는 입고 있었어요?

강혁 엄마　네. 구명조끼 입었는데요, 안 잠겨 있었어요.

면담자　그럼 아이 다시 만나신 후에 바로 이제 안산병원으로 데려가셨어요?

강혁 엄마　아니 안산에 시화병원이요. 저기로 왔던 거 같아요.

차… 우리는 택시 타고 오고. 아빠랑 오빠랑 혁이랑은 그 차[앰불런스] 타고.

면담자   처음부터 그 병원으로 바로 가신 거예요?

강혁 엄마   네. 여기에는, 다른 여기 병원은, 큰 데는 다른 애기들이 가 있어서 없었어요.

면담자   그때 그 병원에 같이 있던… 같은 반 친구들도 있었나요?

강혁 엄마   음. 범수가 있었던 거 같아요, 김범수.

면담자   그리고 3일 동안 계셨겠네요.

강혁 엄마   예.

11
가족협의회와 대책위 결성 과정

면담자   그때 이제, 그사이에 이제 분향소도 만들어지고 가족대책위원회도 만들어지고 그랬었죠?

강혁 엄마   그렇죠.

면담자   대통령도 방문하고 그랬잖아요. 그때 그런 다른 장면들에 대해서 좀 기억나시는 거 있으세요?

강혁 엄마　　　제 기억으로는 그때는 왜 우리 아이들을 다 한 군데 다 이렇게 같이 이렇게 오붓하게 놔두지. 왜 따로따로 이렇게 세 군데로 나눠서 한지도 몰랐어요. 그냥 그때는 말을 안 했으니깐요. 그러니깐 그냥 "무조건 가까운 데 해주세요" 그랬는데 왜 이렇게 따로따로 놨는가 그것도 좀 의심스럽고. 또 그때 박근혜 대통령이 왔을 때도 그랬잖아요. 그 할머니도 우리 유가족 할머니마냥 그렇게 했잖아요. 근데 그게 아니었잖아요, 다 조작이었고. 우리 진도에 있을 때도 그랬어요. 엄청나게 국정원[사람]들이 많이 있었던 거. 그때는 몰랐어요. 막 우리 위하는 것처럼 막 이것저것 물어봐요. 그럼 우리는 마음이 정말 막 뭐라도 붙잡고 싶은 심정이잖아요. 그러니까 우리 마음 같은 줄 알고 다 말하고 막 이랬는데, 나중에는 알고 보니까 아니니까. 거기서 인제 반을 이렇게 나눠줬던 거 같아요, 1반에서 10반까지. 그래 가지고 명찰을 줬던 거 같아요. 거기서 그래, 거기서 이제 조금 잘 아시고, 말씀 잘하시는 분이 인제 위원장도 되고, 거기서 누가, 거기선 누가 딱 뽑아서 한 게 아니고 자진해서 이렇게 막 하다 보니까 이렇게 된 거예요. 근데 그 후로는 인제 대책위가 생기고 나서 가족들이 여기서 인제 모여서 이야기하고 뽑아서 한 거고.

면담자　　　대책위 처음 생기고 제일 처음에 했던 논의 사항이나 이런 것들은 뭐였는지 혹시 기억나시나요?

강혁 엄마　　　대책위 생기고 처음… 말 그대로 진상 규명이죠, 뭐.

'우리 서명해서, 서명해서 밝히자' 그리고 '특별법을 만들어서 우리 억울함을 이렇게 밝히고 하자' 그거였죠 뭐.

면담자   그때 정말 많은 일들이 한꺼번에 일어나서 되게 좀 정신이 없으셨을 것 같은데, 그때 뉴스에 한참 보도됐던 게 잠수부들에 대한, 잠수부들의 인터뷰라든지 그분들의 접근에 대한 얘기들, 이런 것들이 있었잖아요.

강혁 엄마   우리는 그분이 기억나는 게, 민간 잠수부 한 분, 제주도에서 오신 분 있었어요. 두 커플이 왔었어요. 왔는데 자기 둘이서 한번 잠수를 해서 그 안에 어떻게 그 상황을 보겠다고 해경한테 말하니까 해경이 절대 못 하[게], 안 된다 그래서 그 사람이 기억이 나요. 그렇게 했던, 우리한테 직접 말했던 기억이 나요.

면담자   그 사람이 어머님, 아버님한테 와서 해경이 못 들어가게 했다고 얘길 했어요?

강혁 엄마   예. 자기는 "그 안에 그 저기[상황]를 보고 와야겠다", "여기서 말한 거하고 똑같은가 가보고 와야겠다" 하니까 못 들어가게 해서 못 갔다고 그랬어요.

면담자   왜 못 들어가게 했는지에 대해서도 혹시 그때 들으셨나요?

강혁 엄마   민간 잠수부는 들어가면 안 된다고 그랬다고 그랬어요, 지네가 알아서 한다고. 자기네들이 알아서 하는데 민간 잠수부는 들어가게 안 되어 있다고 그래서 못 들어갔[다고]….

면담자   그러고 댁으로는 얼마 만에 돌아오셨어요?

강혁 엄마   우리 한 일… 한 열흘 만에 집으로 온 거 같아요. 3일 하고 일주일 있고, 한 10일 만에 온 거 같아요.

면담자   아이 보내고 열흘 만에 오셨어요?

강혁 엄마   네.

면담자   그사이에 계속 진도에 계셨던 거예요?

강혁 엄마   네. 오빠는 팽목항에 있고 우리 언니네 가족, 우리 가족은 진도체육관에 있었어요.

면담자   오늘은 여기까지 여쭤보고 이제 다음에 뵐 때에는 4월 16일 이후부터 오늘 좀 말씀해 주셨던 대책위 만들어지고, 그 이후 활동들에 대해서 그때 경험들을 여쭤보려고 합니다. 오늘 되게 힘든 얘긴데 해주셔서 감사하고요. 시간이 많이 흘렀으니까 기억나시지 않는 부분도 있을 거예요. 그래서 다음에 뵐 때에는 저도 유가족들 활동에 대해 미리 살펴보고 와서 이야기 나누도록 하겠습니다. 오늘 감사합니다.

2회차

2017년 1월 10일

1
시작 인사말

면담자 　　　본 구술증언은 4·16 사건에 대한 참여자들의 경험과 기억을 기록으로 남김으로써 이후 진상 규명 및 역사 기술에 기여하고자 합니다. 지금부터 조순애 씨의 증언을 시작하겠습니다. 오늘은 2017년 1월 10일 화요일이며, 장소는 안산시 정부합동분향소 내 불교방입니다. 면담자는 김세림이며, 촬영자는 김솔입니다.

2
1회차 이후의 근황

면담자 　　　저번 주에 하시고 좀 머리도 아프시고 힘드셨다고 하셨는데, [1회차 후에] 몸은 괜찮으셨어요?

강혁 엄마 　　　네 아직까지는. 어저께도 1000일 그거… 해서, 계속 이게 한동안 괜찮다가 또 이렇게. 그래서 이제 [증언은] 될 수 있으면 안 하고 싶거든요. 하고 나면 피가, 저는 고지혈증으로 제가 좀 심하대요. 약 먹고 있어요. 근데 이 피가 뭉친대요. 스트레스가 너무 심하니까 머리가 엄청 아팠어요.

면담자 　　　그게 피가 뭉쳐가지고 혈액순환이 잘 안 되는 거죠?

강혁 엄마 　　　제가 이렇게 스트레스 많이 받고 많이 우는 편이에요. 이렇게 울면은, 이래 이 울면은 가슴은 좀 덜 답답해요. 근데 인제[이제] 머리가 아파요. 뒤통수랑 뭐 머리가 많이 아파요. 근데 또 안 울면 가슴이 답답하고. 이 위에[가슴에] 여기에 돌덩이가 하나 있는 것 같아요, 여기 돌덩어리. 뭐 어차피 이리저리 힘들죠.

면담자   네, 고생하셨어요. 주말에는 또 아이들 1000일이라고 해서 광화문에서도 [추모제가] 있었죠. 그때도 계셨겠네요.

강혁 엄마   못 갔어요.

면담자   몸이 안 좋으셔서 가지고.

강혁 엄마   어제, 어제요?

면담자   아 토요일에도.

강혁 엄마   토요일 집회는 꼭 가죠, 지금 11회차까지. 아 여기서 좀 제발…… [모든 것이 해결되었으면 좋겠어요].

면담자   네, 벌써 11회차가 됐어요. 이제 세월호 참사 이후에 2년에서 거의 2년 반 이상 시간이 지나게 됐는데, 4월 16일 이후부터 계속 굉장히 많은 일들이 있었지요. 그 직후부터 어머님, 아버님들이 지금까지 많은 투쟁을 계속해 오시고 계시는 중입니다. 그래서 그동안 진행해 오신 일들에 대해서, 그리고 활동들에 대해서 좀 시기별로 같이 정리를 해보려고 하는데요. 시간이 많이 지나서 하나씩 짚으면서, 좀 크게 있었던 일을 짚으면서 어머님께서 활동하셨던 내역, 활동하셨던 경험들 그리고 느낌들에 대해서 기록을

남기려고 합니다. 그래서 2014년부터 얘기를 해야 될 것 같아요.

3
2014년, 도보 행진과 청운동 농성, 피케팅

강혁 엄마   제가 2014년도에 인제 5월 달쯤 됐을 거예요. 그때
부터 서명을 음… 울산도 가고 양산, 부산, 서울, 순천, 안산 이렇게
돌아다니면서 서명을 받았어요. 받았는데, 국민들께서 이 세월호
를 많이 잊지 않으시고 끝까지 함께해 주시고, 이 진실 규명을 끝
까지 꼭 같이하자고 저희를 손잡아 주시고, 많이 격려해 주시고,
많이 같이 동참해 주셨어요. 거기에 대해서 굉장히 감사히 느끼고,
그리고 인제 우리가 아이들을 부모로서 지켜주지 못했잖아요. 그
런 죄책감, 그런 이제…(한숨) 미안하고 항상 저로서는 많이 자책을
했어요. 박근혜 대통령을 원망하기 전에, 이 나라를, 막 해경을 막
원망하기 전에 제 자신한테 많이 저는 많이 원망을 했어요, 자책도
많이 했고. (울먹이며) 그니까 더 힘들더라고요. 자책을 하니까 더
힘들었어요. 사실, 제가 잘못해서요 그렇게 됐다고 막… 그러니까
집에 가 있지를 못하겠는 거예요. 집에 있으면 막 혁이한테 미안하
고, '못난 엄마여서, 엄마가 똑똑했으면 우리 혁이 이렇게 안 됐을
텐데' 막 이 생각이 먼저 들었어요.
    그래서 이제 서명이 끝나고 우리 그 서명지를 가지고 갔잖아요,
결국은 가서도 된 것도 없었고. 그러다가 또 청운동에서, 그야말로

청운동에서…(한숨) 음…진짜 마음도 아프고 몸도 마음도 다 아픈데, 거기서 몇 달 동안 거기서 지냈던 거 같아요. 거기서 비가, 이런 일이 있었어요. 비가 막, 그 천막을 안 친 상태였는데 비가 막 오니까 비니루가[비닐이] 필요하잖아요, 비닐지가. 그 비닐지를 시민들이 갖다주는데, 경찰들이 다 막았어요.

면담자   왜 막은 거예요?

강혁 엄마   그 비닐지를 우리가 갖게 되면 오래 거기가[에] 머무를 수 있다는 생각을 했을 거고. 근데 경찰들이 다 뺏었어요, 못 가져가게. 근데 어쩌다 몇 개가 이제 와가지고 그거를, 비가 오는데 그거를 덮고 잤어요. 정말 사람으로서는 [할 수 없는], [저희를] 사람 취급을 안 했어요, 진짜. 자식 잃고(한숨) 이렇게 억울한… 정말….

면담자   처음 청와대로 올라가시겠다고 부모님들께서 하실 때도 경찰이 막았죠.

강혁 엄마   그럼요, 그럼요. 제가 청와대가 어떤 곳인가를 한번 보고 싶었어요. 그래서 엄마 둘이서 이렇게 걸어가는데 뒤에서 보좌관[정보관]들이 따라, 경찰은 아닌데[경찰복을 입지 않았는데] 따라와요, 세월호 유가족인지 벌써 알고. 어떻게 아는지 모르겠어요. 알고, 저희가 세월호 유가족이라고 써가지고, 써 붙여 다니는 것도 아닌데 따라와 가지고, 거기까지.

면담자   사복 입은 사복경찰이요?

강혁 엄마   네, 사복경찰이.

면담자   경찰이라는 건 어떻게 아셨었어요?

강혁 엄마   계속 따라오니까요. "어디 가시냐"면서 따라오니까요. "왜 저희한테만 이렇게 따라오면서, 저희 둘한테만 이러냐?"니까 그냥 우리 둘한테 그런 거라고. 어떻게 이렇게 아는지 모르겠어요.

면담자   처음에 청와대로 가야겠다고 하셨던 때가, 2014년 5월경에 처음 도보로 가실려고 했던 거죠?

강혁 엄마   아니, 그 전에 진도체육관에서 "청와대를 우리 가자. 걸어서 갈 수 있는 데까지 걸어가자" [하고 갔는데] 근데 경찰들이 다 막았죠. 막고.

면담자   그때가 4월 20일쯤 거의….

강혁 엄마   그렇죠. 한 3일 지나서 그렇게 16일 [지나서] 한 19, 20일쯤 됐을 거예요. 가다가 우리 언니 같은 경우는 경찰이… 경찰이 머리를, 이렇게 밀치고 젖히고 하다가 머리를 해가지고[쳐가지고] 우리 언니는 넘어지고, 또 우리 딸한테는 그 선…동꾼? 막 그렇게 해[몰아]가지고 우리 딸을 또 막 잡아가고, 그래 가지고 우리가 경찰서 가서 그런[딸을 데려온] 일도 있었고요. 아무튼… 일이 많았는데 이렇게 기억도 많이 없어지는 거 같아요.

면담자   너무 일이 많다 보니까 또 그럴 수 있을 것 같아요.

강혁 엄마   아빠 같은 경우는 경찰한테 가슴 맞아가지고 병원도 갔었고요. 병원도 가서 치료도 했고, 경찰한테 가슴 맞아가지고.

면담자　　　그거는 언제쯤인지 혹시 기억나세요?

강혁 엄마　　　그때는 우리 어디죠, 거기가? 아… 생각이 안 나. 거기가 어디냐면…. 우리 한참 저기, 거기가 해경?

면담자　　　해수부.

강혁 엄마　　　해수….

면담자　　　세종시 해수부?

강혁 엄마　　　예. 세종시 해수부 가서 우리는 그걸[시행령을] 취소하겠다. 밀치고 저리 치고 하다가 [아빠가] 경찰한테 가서 맞아가지고, 그렇게.

면담자　　　병원에 계실 때 그 이후에 뭐 경찰 쪽에서의 수습이라든지, 그런 거는 따로 연락이 없었나요?

강혁 엄마　　　응, 그런 거 전혀 없죠. 저희… 경찰한테 도움받았던 거는 없었던 것 같아요. 기억에 없어요. 맨날 맞고 다치고.

면담자　　　그래서 그때 처음으로 5월부터 국회에서 농성도 하시고, 처음으로 활동을 본격적으로 하셨던 거는 전국으로 다니시면서 서명받으시는 것부터인가요?

강혁 엄마　　　예. 그러다가 단식… 국회에서 단식하고, 단식하다 이제 쓰러지면 병원 가서… 병원 가서 치료하고 그러고 도보하고.

도보하고, 이제 도보하다가 괜히 또 나태해질까 봐 또 아이 그, 플래카드로 아이 사진을 빼서 가슴에다 묶으고 걷고 그런…(한숨). 그러고 이제 그러다가 이제 피케팅, 계속 광화문 피케팅하고 안산 피케팅하고, 일주일에 두 번.

면담자   교육청 앞에서 피케팅하시는 거죠?

강혁 엄마   예. 교육청에서도 피케팅하고. 이렇게 반별로 1반에서 10반까지 있는데 반별로 돌아가면서 교육청에서 피케팅하고. 안산에서 피케팅하고, 광화문에서… 광화문에서 이제 분향소에 찾아와요, 그러면 분향도 하고. 거기도 반별로 돌아가면서, 우리 반 4반은 월요일이었어요, 월요일에 하고.

면담자   교육청 앞에서 하시는 것도 지금도 계속하고 계시는 중인가요?

강혁 엄마   지금은 안 해요. 작년에 끝났어요. 교실, 우리는 교실을 지켜, 지키는 그 의미로 했는데 결국은 못 지켰잖아요. 교실 지켜달라고 그렇게 했는데 쫓겨난 거죠.

면담자   그때 2014년 5월에 이제 또 KBS에서 보도국장이 발언을, 교통사고에 비유를 한 발언 때문에 KBS에 항의차 방문을 하셨는데. 그때도 같이 가셨었나요?

강혁 엄마   그때는 저는 안 갔던 것 같아요. 어떻게 그게 교통사고예요, 그죠? 교통사고라도 그 조사를 해야 되는 거 아니에요, 그쵸? 우리 교통사고 나면 조사 다 하잖아요. 근데 지금 우리는 뭐 한 게 아무것도 없잖아요.

면담자   그래서 이제 7월쯤에 전국에서 모은 게 한 350만 정도 되는 것 같아요, 서명지가. 그래서 그때 국회에 가시고.

강혁 엄마   네. 그때 갔어요.

면담자   그러고 한 일주일 정도 있다가 안산에서 광화문까지 도보 행진을 하셨던 것 같아요.

강혁 엄마   비가 왔어요. 비가 와가지고 음… 1박 2일로 걸었잖아요. 근데 비가 운동화에 다, 정말 다 들어와서 첨벙 첨벙 첨벙. 그러고 진짜 다른 부모들은 핸드폰도 다 망가질 정도로 비를 맞으면서 [걸어갔어요].

면담자   핸드폰이 아예 침수될 정도로 그랬던 거네요.

강혁 엄마   예. 그렇죠.

면담자   그때 걷고 계실 때 심정은 좀 어떠셨어요?

강혁 엄마   그때 걸을 때는 아빠하고, 혁이 아빠하고 누나하고 1박 2일 걸었는데, 저는 병원에 있었어요, 단식하다가 쓰러져 가지고. 그랬는데 아침에 아빠가, 아빠하고 딸하고 병원으로 저한테 와야 되나 도보를 해야 되나 굉장히 망설였는데 저랑 통화가 됐어요. 제가 저한테 오지 말고 도보하라고, 딸하고 같이, 혁이 생각하면서. 그때 아빠가 그 플래카드, 그 혁이 빼서 이렇게 둘이 이렇게 하고, 그 〈나쁜 나라〉에 그때 잠깐 나오더라구요 그게. 그렇게 했다 하더라구요. 근데 제가 이런 말까지, 가족한테 이런 말 표현까지 한 적이 있어요, 아빠한테. "죽어도 걸어서, 죽더라도 걸으라"고. 그, 그렇게 표현하기가 쉬운 게 아니거든요. (울먹이며) 제가 [죽음을] 한 번 겪었잖아요, 혁이한테. 근데 아빠한테 "죽더라도 걸어서 죽으라"고…. 그렇게 많이 걸었어요.

면담자   아버님은 그때 그 말 들으셨을 때 섭섭하다거나 그러진 않으셨어요?

강혁 엄마   아니, 아니요, 전혀요. 제가 단식하러 갈 때 아빠는 자고 있었는데, 아빠 몰래 갔어요, 단식하러. 근데 딸한테만 말하고 갔는데 제가 나가면서 혁이한테 미안하니까 너무나, 우리 혁이가 [나왔을 때] 그 모습을 제가 봤거든요. 우리 혁이 찾았을 때 그 모습을 봤는데, '단식을 하다가 죽어도 좋다'는 그런 마음으로 갔어요, 미안해서…. 처음에는 제가 이렇게, 박근혜 대통령이 이렇게 이런 것까지는 몰랐거든요. 근데 이제 점, 점, 점 알고부터는 제가 저한테 자책이 아니라 우리 혁이의 억울함을, 억울하게 그렇게 한 걸 꼭 밝혀주고 싶었어요. 진실을 꼭 밝혀서…(한숨).

면담자   이때까지만 해도 이게 이 정도의 일이라고, 이 정도의 규모가 크게 얽힐 거라고는 생각을 못 하셨었죠.

강혁 엄마   아이, 그럼요. 예, 그럼요. 그러니까 그때 당시는 제가 제 잘못이라고만 생각했어요. '못난 엄마여서 그랬다. 미안하다'. 그런데 이제 점점 이렇게, 이렇게 우리가 몰랐던 사실이 이렇게 지금 드러나고 있잖아요… 이제 쪼그마한, 그야말로 조그만 희망이 있다는 생각이 들어요. 정말 우리는 희망이 없을 줄 알았거든요. 여기서 '이렇게 묻혀지는 거 아닌가' 굉장히 그랬는데, 지금은 그 실만큼의 희망이라는 게 보이잖아요. 어떻게 세상에 여전히 1000일이 지났는데도, 여전히. 근데 진실은 꼭 밝혀질 거라고 생각은 해요, 시간이 좀 걸려서 그러지.

면담자   7월에 도보 행진, 생존 학생들이 또 그때 같이했죠. (강혁 엄마 : 같이했죠) 그때는 생존 학생들도 굉장히… 각자 아픔들과 트라우마들이 굉장히 많은데, 그때 아이들 보시면서는 어떤 기분이 드셨어요?

강혁 엄마   두 가지 생각이 들었어요. 한 가지는 부럽기도 하구요, 한 가지는 안타깝기도 하고. 그 아이들은 정신적으로 굉장히 아마 힘들 거예요. 아마 눈감고 있으면 그 배 안에 상상이, 그 친구들 그 모습이 계속 떠오를 거 아니에요. 그 생존할 때까지 얼마나 힘들었겠어요. 그런 걸 겪고 생존을 한 거잖아요. 그렇기 때문에 많이 힘들었을 거고. 저희 같은 경우는 두 가지 생각이 항상 들어요. 부럽기도 하고 안타깝기도 하고 그래요. 근데 이게 사람인지라 이게 그 애들도 우리 부모를 보면 그런 생각이 들 거라고 생각해요. 친구의 부모니까 안아 보고 싶고 그럴 텐데 섣부르게 다가오지 못하고. 저희 역시도 부러우면서도 이렇게 안고 있으면 우리 아이들 생각이 더 떠올라요. 그러니까 뒤로 이렇게 멈칫하게 되고. 가까이 하고 싶[은], 마음은 가까이 가서 안고 싶은데 이게 뒤로 멈칫해요. 사람인지라 그런 것 같아요. 안타깝죠, 우리 아이들의 친군데.

4
2015년, 가장 힘들었던 해, 도움을 주는 시민들

면담자　　　그러고 또 2015년 되고 바로 1월 말에 분향소에서 또 팽목까지 도보 행진이 있었는데 그때도 같이하셨었나요?

강혁 엄마　　네. 근데 저 같은 경우는 지금 많이 무릎이 아파요.

면담자　　　그때 그거 때문에요?

강혁 엄마　　그게 관절염이 있는데다가 그때 한 6시간 걸었던 거 같아요, 5, 6시간. 무리해 가지고 그게 파열됐어요. 지금은 병원 가서 엠아르아이(MRI) 찍었는데 그 무릎 사이가 이렇게 찢어져 버렸대요. 그래서 지금 수술을 해야 되는데, 제가 아빠한테 그랬어요, 박근혜 구속시켜 놓고 한다고. 그러면 2~3월 달에나 하라고 그러더라구요. 2~3월 달에는 아마 구속될 거라고. 박근혜가 구속된 상태에서 수술하고 병원에 있어야 제 마음이, 그 전에는 내가 할 수 있는 집회도 하고 광화문 가서 피케팅도 하고 그러고 있거든요. 할 거라고 지금.

면담자   근데 또 주말마다 청와대에서 광화문까지 계속 행진을 하시잖아요, 다리 많이 아프실 텐데.

강혁 엄마   광화문에서 저기 청와대까지 갔다가 거기서 이제 행사하고 다시 또 광화문으로 와요… 가깝잖아요, 거기는.

면담자   그 정도는 그래도 이제는 괜찮으신 거예요?

강혁 엄마   예, 예. 그거는 이제는 아무렇지도 않아요. 가서요, 소리 질르고, "박근혜 구속하라. 탄핵하라" 소리 질르면 가슴이 좀 뻥 뚫린 느낌이에요. 그렇게라도 소리 질러야죠, 이 분노가 꽉 찼는데.

면담자   그 전에는 청와대까지 근처에도 가기가 좀 힘들었는데.

강혁 엄마   아유, 못 갔죠. 청운동 거기 동사무소에서만 멈[춰서] 거기 그 자리에만 벗어나질 못했어요. 못 가죠. 근데 100미터까지 지금 가잖아요. 100미터까지 가서 우리가 막 소리 지르는데 들릴 거예요, 그죠?

면담자   네. 들릴 거예요.

강혁 엄마   대단한, 대단한 사람이에요 아무튼. 악마예요, 악마.

면담자   처음 100미터 앞까지 갔던 날은 기분이 좀 어띠셨어요?

강혁 엄마   그 있잖아요, 엄청나게, 엄청나게 울었던 것 같아요. 여기가 어디라고 우리가 여까지도 못 오고, 청운동 동사무소에서

만 머물러 있었고. 거기에 딱 도착했을 때 100미터만 가면 박근혜가 있는데, 그 박근혜가 우리 아이들을 이렇게 수장시켰잖아요, 어쨌든 간에. 대통령이라는 사람이 연락이 안 되니까 그렇게 된 거잖아요, 결국은. 근데 정말 마음 같아서는 가서 끌어 잡고, 아주 질질 끌고 오고 싶죠. 그 분노가 더 심해졌어요. 딱 그날 딱 갔을 때, 100미터까지 딱 갔을 때 어떻게 표현을 못 할 정도로 그렇게, 부모들 그때 많이 울었을 거예요, 아마. 아주 소리 내서 울었을 거예요.

면담자   또 그때 아버님이 다치신 게 해수부 방문해서였고, 그 며칠 전에 이제 삭발식도 있었고. 그때는 아이들 사진 들고 광화문에서 하셨죠.

강혁 엄마   예. 영정 사진 들고 소복, 저기 소복 입고 영정 사진 들고 걸었던 것 같아요.

면담자   그걸 이제 전날부터 준비를 하셨을 텐데요.

강혁 엄마   처음에, 초에 그렇게 하자고 그랬는데 반대하는 부모님들 많이 있었어요. 그건 아니다. 근데 결국은 그렇게라도 해서라도 우리는 진상 규명을 하고 진실을 밝혀야 되니까. 삭발하고, 삭발 저희는 안 했지만, 삭발하신 부모님들 꽤 많았잖아요. 삭발하고 소복 입고 영정 사진 들고 그렇게 도보했던 거 같아요. 걸었던 거 같아요, 우리 아이들 데리고.

면담자   그때 같이 걸으실 때 지나다니는 시민분들도 만나고 하셨을 텐데 반응은 어땠었나요?

강혁 엄마   그렇게 썩 좋지는 않았죠, 그때까지만 해도. 솔직히 그때까지만 해도 그렇게 썩 좋지는 않았어요. 근데 왜 저러, 왜 저러나 그런 식으로 많이 그렇게 했었죠. 근데 이제 박근혜 정부 이제 저기가 드러나면서 많이, 이제 언론이 다 그게 오보였다는 걸 이제 알고부터는 시민들 반응이 완전히 돌아섰죠, 이제. 저희 마음하고 똑같죠, 이제.

면담자   활동하시는데 15년… 2015년이 제일 힘드셨던 해였을 거 같아요.

강혁 엄마   그렇죠….

면담자   그때는 분위기도 좀 그렇고.

강혁 엄마   네… 분위기도 그렇고 일단 시민들이 우리 마음을 그렇게 썩 알지는 못했잖아요. 그러니까 많이 힘들었죠. 욕도 많이 먹고, 서명하면서도 욕도 먹고. 아마 근데 거기에는 박사모 아니면 어버이연합 같아요. 정말 욕도 많이 했어요. "그지 같은 것들" 이렇게까지 하면서 "이 그지 같은 것들아. 돈을 얼마를 더 받고 싶어서 이러냐. 가서 유병언을 잡아라. 왜 박근혜 대통령한테 그러냐. 유병언을 잡아서 이렇게 해라, 저째라" 뭐 엄청나게 욕도 먹고, 엄청난 상처도 많이 받았어요. 맞아요, 2015년도가 최고 힘들었어요. 14년도는 그럭저럭 정신 모르게 넘어갔는데, 15년도에 최고 힘들었던 것 같아요.

면담자 　　그런 얘기 들을 때는 대응은 어떻게 하셨었어요?

강혁 엄마 　　우리가, 유가족들이 항상 말하는 게 그랬어요, "무슨 욕을 하든, 때리든 우린 참자. 자식을 위해서 참자". 저도 항상 그랬어요. 저는 누가 저를, '설령 따귀를 때려도 나는 참을 것이다', 같이 절대, 그 사람이 욕, 정말 심하게 욕하고 상처를 줘도 저는 그때 당시 눈을 딱 감아요. '혁아, 우리 혁이한테 미안하다'고 '엄마는 참는다'고 '참는 게 이기는 거니까 엄마는 참을 거'라고. '욕을 하든 뭐 어떻게 하든 상처를 주든 엄마는 참을 거'라고. 정말 많이 참았어요. 한 번도 안 부딪쳤던 거 같아요. 그렇게 함부로 하는 사람하고 한 번도 안 부딪쳤어요. 그냥 지나가다 욕을 해요. 욕을 해도 그냥 로봇처럼 가만히 서 있는 거예요. 그것도 다 자식들 위해서 참는 거죠. 저희가⋯ 저희도 감정이 있는데, 사람인데. 그래요, 참는 건 자식 때문에 참았던 것 같아요.

면담자 　　그래도 아버님이 또 경찰 때문에 다치셨을 때는 화도 많이 나셨을 것 같아요.

강혁 엄마 　　네. 근데 그 병원도 좀 이상했어요. "왜 다쳐서 왔냐?"고 물어봤어요. 우리가 이제 세월호 유가족이라니까, 그래서 이제 아빠가 자초지종을 이야기를 다 했어요. 근데 그 의사 하는 말이⋯. 거기서도 우리 또 한 번 참았어요. "태극기를 태우고 싶어? 인간들도 아니야?" 막 그러면서 태극⋯ 우리가 한동안 막 이렇게 저기 하면서 태극기도 막 함부로 했잖아요, 태극기도, 그걸 말하는 거예요. 이렇게 될 때까지 왜 대응을 하냐고 아빠한테 오히려 막 뭐라고 하는 거예요. 그런데 아빠한테 제가 뭔 말… 참으라고 옆에서 막 찔렀어요. 참으라고, 참으라고, 같이하지 말라고. 근데 그 의사도 우리한테 또 그렇게 상처를 주더라구요. 그래서 두 번 다시 그 병원은 안 가요. 그 의사도 박근혜를 사모하는 사람인 것 같아요. 그렇게 아파 가지고 갔는데도 그렇게 상처를 주더라구요.

면담자   그때는 어디를 다치셨었어요?

강혁 엄마   가슴, 가슴 왼쪽 여기 이렇게 쳐서.

면담자   그럼 골절…?

강혁 엄마   골절까지는 아닌데, 타박. 그냥 아픈데도 그 병원 안 가고 다른 병원도 안 가고 그냥 시간 가게 놔둔 것 같아요, 일주일 약 지어가지고 와서. 그 의사 때문에 상처를 받아가지고 다른 병원 안 가 버리니까.

면담자   그 이후에 그 의사 때문에 다른 게 아파도 병원 가기 좀 꺼려지셨을 것 같아요.

강혁 엄마   아무래도 그렇죠. 한 번 더 갈 것도 안 가죠.

면담자   해수부 방문한 후에, 1주기가 됐을 때 "특별법 시행령을 폐기해야 된다" 하고 광화문에서 모이셨었죠.

강혁 엄마   네, 특조위 종료된다고….

면담자   특별법에 대해서는 시행령이 나왔을 때 어떠셨어요?

강혁 엄마   그야말로 우리 이게 다⋯ 그냥 멈추는구나. 이제 희망이라는 게 안 보이고 그냥 이렇게 멈추⋯ 이렇게 그냥 멈춰지는구나 [싶었어요]. 어떻게 할 수가 없잖아요. 저희는 힘이 없잖아요.

면담자   그때가 제일 위험했던 상황이 아닐까 싶어요. 그때 철야농성하시고 경찰이랑 대치도 좀 심하게 하고.

강혁 엄마   그렇죠.

면담자   그때 광화문에 계속 계셨었어요?

강혁 엄마   예. 저 같은 경우는 그때 캡사이신 맞아가지고. 진짜 그 물대포를 쏘는데, 물대포가 이렇게 쏘는데 여기에 서 있었는데 제가 쭉 한 몇 100미터 미끄러져 가지고 그냥 눈에다, 이렇게 눈에다 때렸는데 눈을 뜰 수가 없었어요. 그래 갖고 물로 막 계속 씻어내고. 그 물대포를 맞고 저기에 쓰러져서 그냥 나뒹그러졌어요[나뒹굴었어요]. 근데 그때 추운 겨울이었어요. 그런데 온[온몸이] 다 그 물대포로 젖어가지고 발발발 떨고 있는데 어떤 시민이 한 분이 데리고 가서 집에서 씻고 그분 옷을 입고 그러고 다시 나왔던 것 같아요.

면담자   그 주변 지역에 있는 분이셨던 거예요?

강혁 엄마   네⋯. 그때 안국동인가? 어딘가 거기서 그래 가지고 그걸로 기관지가 상해가지고 한 3~4일 동안 기침하고 병원 다니고 한약도 먹고 별거 별거 다 한 것 같아요. 그거 그 캡사이신 물대포에 맞아가지고 진짜 엄청나게, 엄청 고생했어요.

면담자   아버님은 괜찮으셨었어요?

강혁 엄마   아빠는, 아빠는 제가, 저는 이 물대포가 이렇게 쏘는데 아빠는 여기에 있었고 저는 뒤쪽으로 있으면 좀 덜 맞을 줄 알고 뒤쪽으로 있었는데, 거꾸로 쏘니까 아빠는 앞쪽에 있으니까 좀 덜 맞고 저는 직통으로 맞아갖고는[맞아서는], 신랑, 딸하고 저는 같이 서 있었는데 둘이 이렇게 같이 물대포로 실려 저 앞까지 [밀려갔어요], 저기[까지]. 근데 참 고마운 분도 많이 있었어요. 거기서 발발 떨고 있는데 집에 데리고 가서 씻[게 하고 그분 옷도 주고.

면담자   그분은 그 후에 또 뵌 적 있으세요?

강혁 엄마   못 뵀던 거 같아요. 이제 제가 전화는 입력했어요. 그분 전화를 입력을 '천사', 그 이름을 '천사분' 이렇게 해놨어요. 근데 한번 제가 좀 저기 하면은 꼭 찾아볼 생각이에요. 잊지는 않고 있어요. 그래서 제가 핸드폰 입력을 '천사분' 이렇게 입력을 해놨어요. 너무 좋으신 분이에요.

면담자   힘든 일이 계속 있는데 그래도 시민분들이 가끔, 도와주시는 분들, 응원해 주시는 분들이 계셔서 다행이에요.

강혁 엄마   그럼요… 좋은 분이 더 많아요. 정말 좋은 분 많아요. 좋은 시민분들 보고 저도 많이 뉘우쳤고, 저도 그렇게 많이 새로운 삶을 살고 있고. 느꼈던 것 같아요, 그걸. 제가 바삐 살았는데, 정말 바쁘게 아무 생각 없이 정말 앞만 보고, 자식만 보고 이렇게 살았는데. 그 정말 좋은 시민분들도 많잖아요, 자원봉사분들도 많고. '아, 이렇게 좋은 세상도 있구나', 내가 우리 아이는 잃었지만 좋은 분들도 많이 만났거든요. 그러면서 많이 위로를 받고 사는 것 같아요. 그리고 이러고 견디고 있는 것 같고.

면담자   그때 안국역에서 만났던 분 말고 또 기억나는 분 혹시 있으세요?

강혁 엄마   예, 진도체육관에서. 진도체육관에서 제가 하루에 한 번씩 병원에 실려 갔다고 그랬잖아요. 근데 그분이 항상 제 곁에 있었던 것 같아요. 저한테 전화도 자주 오고, 문자도 자주 왔었는데, 어느 순간에 같이 이렇게 문자를 했다가 지금은 안 하는데, 제가 마음적으로 많이 힘드니까 안 하게 돼요. 정말 마음은 알고 있어요. 고마운 분이고 기억에는 항상 있는데, 자꾸 표현이 안 돼요. 이해하시려나….

면담자   그때 그분도 자원봉사자분이셨어요?

강혁 엄마   예.

면담자   근데 크게 한번 대치를 한 후에, "인양을 이제 하겠다"라고 해서 그때부터 동거차도에 가시게 되는데, 인양된다는 소식을 들었을 때는 좀 어떠셨나요?

강혁 엄마   인양할 거라고 꼭 생각했죠. 인양은 꼭 할 거라고 생각을 하고, 미수습자도 찾아야 되고, 그리고 그때 그 잠수사분들도 딱 이렇게 멈췄을 때 인양을 꼭 할 거라고 생각했어요. 근데 입양… 아니, 인양한다 해놓고 또 어느쯤 되면 못 하고 그렇게 한… 이렇게 계속 이렇게 이런 식으로 갔잖아요. 제가 동거차도도 가봤어요. 갔는데 정말 수영해서 나올 거리예요 진짜, 수영 잘하는 사람은. 근데 제가 지금도 의문이 드는 게 왜 진도체육관에다가 우리 유가족분들을 있게 했나, 동거차도를 가면 그렇게 가까운데. 그것도 이상해요. 그것도 의문이에요, 지금. 제가 동거차도를 가보니까, 안 가봤을 때는 몰랐죠, 거, 그냥… '진도체육관에만 있어야 되나 보다' 했는데 동거차도를 가보니까 그렇게 가까운 거리가 있는데 왜 굳이 진도체육관에 유가족분들을 다 이렇게 했나. 배 한 번만 타면은 동거차도에서 볼 수 있는데. 진짜 보여요. 근데 인양은 꼭 돼야 되고요. 인양해서 그 아홉 분도, 미수습자 아홉 분도 가족 품으로 와야 되구요. 그분은 어떻겠어요. 지금 그 부모… 가족을 못 찾으신 그 부모님들 그 가족은 어떻겠냐고…. 세상에… 우리도 이렇게 힘든데, 찾았어도 이렇게 힘들고 가슴 아픈데. 진짜 그분들은 참 어떻게 그러고 지내고 있나 참 안쓰럽고 불쌍하고. 아이들이 더 불쌍한데, 우리는 살아 있지만 아이들이 불쌍한데, 견디고 있는 그 가족도 불쌍해요.

면담자 　　　2014년 8월에 프란체스코 교황이 방문을 했어요. 그때 광화문에서 만나셨나요?

강혁 엄마 조순애

강혁 엄마　네, 만났죠. 그냥 봤죠, 가까이서 이렇게 지나가는 것도 보고 그랬는데 저는 그 교황 그분까지 오셨고 그러면 저는 박근혜가 다 이렇게 솔직히 다 할 줄, 그렇게 말할 줄 알았어요, 가식 없이 그대로. 아마 우리 교황님께서도 그럴 거예요. 그 교황님은 중립을 지키려고 많이 했겠지만, 그건 아니라고 아마 그렇게 [말하셨을 거예요]. 제가 그 교황 그분, 그때는 제가 신앙생활 안 했었어요. 그해 2015년도 제가 한 [연]초에 세례를 받았거든요. 아니 교리 공부 6개월 해가지고 크리스마스 날 세례를 받았거든요, 그 작년 12월 달에.

면담자　그럼 그 교황을 만난 후에 생각이 많이 바뀌셨던 건가요?

강혁 엄마　그게 아니고 우리 수녀님 때문에. 제가요, 분향소에서 그렇게 우리 혁이 보면서 울고 있는데 뒤에서 누가 절 꼭 껴안아 줬어요. 근데 뒤를 딱 봤는데 우리 수녀님이었어요. 근데 그 손길이 가슴이 굉장히 따뜻했어요. 그래서 우리 하느님을 찾게 되고 이렇게… 천주교… 신앙생활 하고 있어요, 지금.

5
2016년, 교실 존치와 탄핵 운동

면담자　동거차도는 언제쯤 가셨었어요? 처음 가신 게 언제예요?

강혁 엄마   작년 요맘때요. 그러니까 오늘 6일이지… 5일 날 갔
던 것 같아요, 1월 5일쯤. 1월 한 5일, 6일쯤 갔던 것 같아요. 딱
1년 된 것 같아요.

면담자   제일 추울 때 가신 거 아니에요?

강혁 엄마   네… 음….

면담자   그 전에 동거차도 다녀오신 분들이나 계셨던 분들한
테 미리 얘기는 좀 들으셨었나요?

강혁 엄마   예, 들었죠. 근데 밤에만 했어요, 작업을. 낮에는 조용
해요, 진짜. 그리고 밤만 되면 그렇게 불빛 켜놓고, 그렇게 뭘 하는
지 밤만 되면 그렇게 해요. 왜 밤에만 하는지 그것도 의문스러워요.

면담자   그리고 이준석 선장 선고할 때 보니까, 어머님께서
기자회견 대표 발언도 했더라구요.

강혁 엄마   아, 그거는 제가 특별히 플래카드를 해서 갖고 왔잖
아요. 2학년 4반 선생님 때문에 했어요, 사실. '2학년 4반 선생이
혹시 이걸 볼라나[보려나]' 해서 했는데 그 선생하고 저는 한 번쯤은
만나서 말이나 들어보고 싶어요. 지금, 왜 저한테 그렇게 거짓말을
하고 우리 혁이를 데려갔으며, 왜 그렇게 저한테 지금까지도 숨기
고 있는지. 그 선생도 참 의문스럽거든요. 한 번은 꼭 봬야 될 것 같
아서 일부러 제가 기자회견 했어요. 선생 때문에 한 거예요. 뭐 그

선장한테도 그, 굉장히 그 [재판] 끝나고 났는데, 와… 정말 감정이 어떻게 어때[어디에] 표현할 수가 없었어요. 모든 게 다 거짓투성이고. 진짜 대통령에서부터 이렇게 거짓말을 하는데 그 밑에 사람들이 제대로 된 [증언을 하겠어요?] 다시 이거는 해야 될 것 같아요. 다시 특조위를 해서 다시 조사를 하고, 다시 다 모든 걸 다시. 이거 영망진창으로 된 것 같아요, 진짜. 어떻게 잘못한 사람들이 다, 음….

면담자   그때 승무원들은 또 감형이 됐죠.

강혁 엄마   예. 일부러 다 그렇게 해놓은 것 같아요, 박근혜 잘 못이 없다 하려고. 이렇게 다 감추려고 이렇게 [책임자들을] 다 승진시킨 것 같아요. 어떻게 잘못한 사람을 승진을 시켜요, 그죠? 다시, 아니 왜 처분을 해야지 왜 승진을 시켜요. 그렇잖아요. 다시, 이거는 다시 조사 다시 하고, 다시.

면담자   그리고 이제 2015년 12월에 청문회 처음 했었는데 그때 되게 많이 가셨었잖아요. 근데 오히려 가서 보면서 답답하시기도 하고 그랬을 것 같은데 어떠셨나요?

강혁 엄마   정말요, 소리 안 나는 총으로 정말 빵 쏴서 죽여버리고 싶었어요. 진짜 부모라면 그런 심정 다 들었을 거예요, 아마. 내 소중한 새끼를 평생 못 보는데. 정말 소리 안 나는 총으로 쏴 죽여버리고 싶었어요. 어떻게 표현을 못 해요. 다 거짓말이에요. 그냥 "기억이 안 난다" 모르쇠, "모른다. 기억이 안 난다". 그냥 오히려 그 사람이 대답하기 전에, 증인들이, 증인들이 대답하기 전에 우리가 먼저 대답을, 똑같이. 지금도 그렇게 하고 있잖아요. 청문회…
똑같았어요. 그니까… 그런데 그 자리에 또 유가족이 안 가면 안
되잖아요. 그럴 줄 알고 가는 거예요. 뻔히 그렇게 할 줄 알고 가는
거예요. 여길 가도 분통 터지고, 저길 가도 분통 터지고, 아우. 좀
빨리, 이제는 너무 시간이 너무 오래 갔고 너무 지연되고 그랬는
데, 빨리 진상 규명하고 우리 온 국민들도, 시민들도 제자리에 가
서 편하게 살아야죠, 그죠? 그 한 사람 때문에 이게 무슨 고생이에
요, 세상에 맘고생, 몸 고생. 대단한 사람이에요….

면담자   주말이 요새 특별히 더 바빠지고 그렇죠?

강혁 엄마   예…, 20차를 가도, 20번을 해도 그 여자만 내려올
수만 있다면.

면담자   근데 2015년 10월부터는 교실 문제 때문에 피케팅을
또 하셨는데, 그때 어머님들, 아버님들 입장은 학교에 공간을 만들
자는 거고.

강혁 엄마   그렇죠.

면담자   교육청에서는 이전을 하자는 거였죠.

강혁 엄마   네. 우리는 그 우리 아이들이 단원고에서 공부하다
가 단원고 생활을 하다가 이렇게 된 거니까, 좋은 뜻으로 다시 이
렇게 해서 했는데, 그렇게 하기로 했는데 재학생 부모들이 혐오스
럽다고, 절대 안 된다고 [해서] 우리 맘대로 거기도 안 됐잖아요. 말

그대로 쫓겨나 온 거예요. 그 쫓겨나 올 때, 우리 아이들 그 책상을 트럭에다 싣는데… (울먹이며) 제가 우리 아이를 보내고 정말 서너 번 힘들었던 것 같아요. 우리 아이 찾은 모습 보고 그 살… 그 느낌이 없는 살결이 있잖아요. 그걸 만져보고.

또 한 번은 우리 아이들 영정 사진을, 두 번째는 우리 아이 가방이 올라왔어요, 5월 달에 5월 말쯤. 우리 아이 가방을[이] 올라왔는데 거기서 물어보더라고요. 가방을 거기서 다 말려서 보내줄 거냐, 아니면 그대로 보내줄 거냐. 저는 믿을 수가 없었어요, 모든 게 이제는. 그러니까 우리 아이 볼펜 하나라도 빠질까 봐 그냥 그대로 올려달라고 그랬어요. 근데 박스 채 왔는데 그 박스가 엄청나게 무거웠어요. 근데 그걸 딱 열었는데 우리 아이 남방이 하얀색인데 남방이 노란색이 되어서 왔어요. 그리고 그 명찰이 녹이 슬어서, 명찰이 녹이 슬고 그 우리 아이 약 먹던 약병이 이렇게 쭈그러져서 왔어요. 그 독한 그 짠물에 그 옷이랑 가방이 바다 냄새가 엄청나게, 바다 냄새가. 그 옷을 제가 가방이랑 갖고 있으려고 세 번을 빨았어요. 세 번을 빨고 옥상에다가 널고 햇빛에다 널고 그랬는데도 바다 냄새가 나더라구요.

제가 우리 아이 찾았을 때, 가방 보고, 또 한 번 영정 사진 들고, 소복 입고 영정 사진 들고 걸었을 때, [제일 힘들었어요]. 이건 나라가 아니에요. 이거는 사람으로서 할 수 없는 잔인한, 이건 대통령이라고 하고 싶지도 않아요. 잔인한 인간이에요, 잔인한 인간. 사람이 잘못을 했으면 잘못을 뉘우치고 [해야지요]. 이게 제가 신앙생활 해도 용서 못 할 게 있다는 걸 느꼈어요. 박근혜는 용서 못 할 것 같아요. 이렇게 하면은 힘들어요, 사실. 머리 또 아파요. 근데 안 하면 또 잊혀지잖아요. [증언을] 하면 힘들고 안 하면 잊혀지고. 어차피 힘든 건 저 눈감을 때까지 힘들어요, 사실. 제가 눈감아 버리면 모르잖아요. 근데 눈 떠 있는 동안은 힘들어요, 사실. 어쩔 때는 눈을 딱, 이제 자고 일어나면 '안 죽고 살아 있네' 그래요. 근데 이 부모님들은 가슴은 다 죽었다고 생각해요. 이게 산 가슴이 아닐 거예요, 아마. 이렇게 사는데, 이렇게 저만 살겠다고 저러는지 난 이해가 안 가요. 이게 또 이제, 아 힘들어….

면담자   2016년에 또 좀 마음이 많이 안 좋으셨을 게, 이제 5월 달에 학교에서 갑자기 제적 처리가 됐다고 소식을 들으셨잖아요. 어떻게 그 소식을 알게 되셨어요?

강혁 엄마   음… 집으로 그게 통보가 왔었던 것 같은데요. 그거는 생각이 별로 안 나네요.

면담자   그 소식 듣고 바로 학교로 가서서 그때부터 또 학교 앞에서 농성이 시작된 거죠.

강혁 엄마   아, 그렇죠. 학교에서도 또 며칠 밤 또 농성하고 결국은 또 쫓겨났잖아요.

면담자   그때 교육감이 학교로 왔었잖아요?

강혁 엄마   예, 교육감. 그 교육감도 우리 유가족 그… 할머니께서 교육감 붙잡고 애원을 하더라고요. 그걸 뿌리치고 가셨어요. 또 그분도 그럴 수밖에 없겠는지 모르지만 어차피 갈 거면 할머니 좀 위로라도 해주고 가시지. 저는 그때 그걸 보면서 그랬어요, 좀. 어차피 가잖아요, 그러면 위로라도 해주고 가시지 왜 저러고 가시나.

면담자　　　되게 급하게 갔었죠.

강혁 엄마　　　네… 자기 부모 같은 사람이잖아요. 이게 참, 이게 자기 이익을 생각하면서 '참 사람들이 잔인하구나' [싶더라고요]. 그 교장도 보세요. 어떻게 그러면서 어떻게 학생들한테 뭐라고 가르치는지 참.

면담자　　　그리고 특조위가 종료된다고 해서 그때 또 단식을 하셨었는데, 그때는 어떠셨어요?

강혁 엄마　　　저 못했어요. 그 부모님, 우리 당직이어서 광화문을 갔는데 우리 유가족들, 부모님들이 단식을 하고 있는데 참 굉장히 마음이 아팠어요. 살은 빠지고 얼굴은 시커멓고, 먼 산만 이렇게 쳐다보고 있는 그 부모님들. 못 잡수고 이렇게 얼마나 추웠는데 정말…. 국회의원들도 와서 하는 말이며 행동이 다 제 눈에는 보여주는 그런 진실이 없고 자기네들 그 권력, 자기네들 그것 때문에 정치인이니까 보여주는 그 정치, 그런 것 같았어요. 근데 그런 게 참 싫었어요. 우리 아이들한테 마음이 우러나서 분향을 와야 되는데 그 보여주기 위한 거, 기자들도 사진 찍고 그런 것만 하는 것도 정말 화가 났거든요. 근데 저는 말은 못 하고 있는데 어떤 유가족 엄마가 정말 시원스럽게 말해 줄 때 '맞아', 나도 하고 싶은데 못 했거든요. 참 그런 게 싫어요. 정치인들이 이렇게 보여주기 위한 그런 모습이 싫어요. 내 아이를, 소중한 내 아이를 옆에 놓고 그렇게 하는 게 싫어요. 정말 싫어요. 자기네들도 다 자식이 있을 거 아니에요, 그죠? 자기네 자식들만 소중하고 우리 아이들은 뭐 디딤돌? 그런 느낌이 들어서 싫어요.

면담자   그게 또 사고 직후부터 정치인들의 그런 모습들이 여러 가지가 있었기 때문에 더 그렇게 생각이 드신 것 같아요.

강혁 엄마   예, 맞아요.

면담자   광화문에 나오는 정치인들 보면 그땐 기분이 좀 어떠신가요?

강혁 엄마   인제 일단은 이렇게 세월호 배지 차시고 이렇게 세월호 아이들 이렇게 많이 생각해 주시고, 많이 마음으로 이렇게 하시는 분 보면은 굉장히 따뜻함을 느끼죠. 다 그렇지는 않죠. 그런데 진심이 있는 정치인들도 있죠. 그런 분 보면은 고맙고 감사하고 지지하죠. 그런데 또 아닌 분한테는….

면담자   그래서 총선 있을 때나 지지 활동도 하시는 부모님들도 계시고 그랬잖아요. '그런 활동을 같이 해야겠다' 뭐 이런 생각은 특별히 안 드셨었어요?

강혁 엄마   들었어도 저는 그런 용기가 없어서 [못 했어요]. 용기 있는 부모님들 보면은 대단하신 것 같아요. 감사해요. 제가 못하는 거 그런 유가족 부모님들이 채워줄 때 굉장히 감사하죠, 고맙고.

면담자   작년 말 기억교실이 임시 이전이 돼서 공개가 됐잖아요. 그 교실 보셨을 때는 좀 어떠셨어요? 원래 교실하고….

강혁 엄마   근데 그 교실… 옮겨진 교실을 봤을 때 우리 아이들이 쫓겨나서 어디 한구석에서 그냥 있는 느낌. 바닥도 세멘[시멘트] 바닥이고 그런 것도 싫구요, 세멘 바닥 싫고. 그냥 우리 아이들이 학교에 있을 때는 그래도 '학교에서 공부하고 있겠다' 이런 생각도 이렇게 했어요. 그런데, 그래 '우리 아이는 지금 공부하고 있는 거야, 그러고 다시 집으로 오는 거야' 막 혼자 중얼중얼 그렇게 했는데, 옮겨진 뒤로는 그 생각이 안 들어요. 어디로 쫓겨난 그런 기분[이에요]. '우리 아이들이 쫓겨나서 공부도 안 하고 있다' 이렇게 막 느낌이 들고. 안 가져요[가게 돼요]. 그때 한 번 가고 안 갔던 것 같아요. 근데 제가 그래도 한 번은 가서 다시 책상 닦고 정리는 하고 왔어요. 그 뒤로는 안 갔어요. 별로 안 가고 싶어요. 학교에 있을 때는 그래도 몇 번 자주 갔는데. 그래도 자주 갔죠, 학교에 있을 때는. 우리 아이가 다니던 학교였고. 근데 여기는 안 가지게 돼요.

면담자   실제로 아이들이 있었던 공간이 아니니까 더 그렇겠네요.

강혁 엄마   그냥 쫓겨난 거잖아요.

치유 프로그램 참여

면담자   저번에 치유 프로그램 다니신다고 하셨는데, 그건 언제부터 다니신 거예요?

강혁 엄마   뜨개요?

면담자   예.

강혁 엄마   뜨개는 청운동 농성 끝나면서 다녔던 것 같은 기억이 드네요. 뜨개를 하면서, 제가 어떤 때는 이 뜨개가 없었으면 제가 아마 미친 엄마가 되지 않았을까 [하는 생각이 들 정도예요]. 제가 신앙생활 하고 뜨개를 하면서 이제 혁이가 막 보고 싶어질 때는 그냥 성모님한테 막 부탁해요, '성모님 저희 혁이 잘 부탁한다'고. '제가 못 한 거 성모님이 좀 나머지 해주시라'고 이렇게 기도하거든요. 그런데 뜨개를 하면서 제가 목도리를 한 450개 떴어요. 450개 짜서 할머니들 드리고, 시골로 보내고, 이렇게 세월호 유가족분들도 많이 제가 짜 드리고, 이렇게 어린이, 어린이 거기도 보내고. 450개 해서 다 기부했는데, 그거 하면서 그래도 마음의 치유가 좀 됐던 것 같아요.

면담자   그래서 농성장 이런 데에서도 보면 어머님들 모여서 [뜨개] 하시고….

강혁 엄마   그 뜨개를 하고 있으면 이렇게 뭐 혼자 있을 땐 아이 생각이 나요, 사실. 혼자 뜨개 하고 있으면 아이하고 있었던 추억들이 생각나고 아이가 보고 싶고 생각나는데, 엄마들하고 같이 이렇게 뜨개 하고 있을 때는 이렇게 그 순간은 아이 생각이 좀 안 나잖아요. 들[덜] 나잖아요. 그니까 그때는 막 같이 엄마들하고 웃기도 하고 울기도 하고 웃다⋯. 저희는 입에서는 웃는데 눈에서는 눈물이 나와요. 어느 때는 이렇게 밥 먹으면서 눈물이 밥으로 떨어지는 듯했어요. 배는 고프니까 입으로는 먹는데 먹으면서도 이제 아이한테 미안한 거예요. 그니까 눈물이 나와요. 지금도 뜨개는 하고 있어요. 근데 많이 그게 치유 좀 됐던 것 같아요.

면담자   몸도 좀 여러 군데 아프실 텐데 마사지받고 그런 건 안 하시고요?

강혁 엄마   음⋯, 제가 활동도 해야 되고 뜨개도 해야 되니까 마사지는 일주일에 한 번씩 받았어요. 처음에는 마사지받으면서 엄청 울었어요. '내가 엄만가? 엄마가 어떻게 아이를 보내놓고 이렇게 마사지를 받고 있나' 하고. 이게 뭐 종이를 깔고 마사지를 하는데 그 종이가 젖었었어요. [처음에는 많이] 울었는데, 나중에는 제가 긍정적으로 많이 생각했어요. '그래 혁아, 엄마 마사지받고 엄청 싸워서 이길게' 혼자 막 그렇게 하고 이제 그 뒤로는 잘 안 울었어요. 처음에는 이제 제가 원래 많이 울었어요. 그래 가지고 엄마들한테 혼도 많이 났어요. 근데 엄마들이 이해가 갔어요. 제가 울면 그분도, 다 같이 잃었잖아요, 애를. 다 같이 잃었는데 그분도 또 힘들게

103

2회차

하는 거잖아요, 제가. 그래서 '아 울지 말아야지. 웃어야지' 그러면 저 엄마도 마음은 울고 있으니까 엄마를 웃겨 줘야지 이렇게. 많이 배웠던 것 같아요.

면담자   같이 계실 때는 일부러라도 더 안 울려고 하셨겠어요.

강혁 엄마   예, 노력 많이 했어요. 안 울려고 노력 많이 했어요. 근데 처음에는 막 시도 때도 [구별] 안 되고 눈물이 나오는 거예요. 근데 지금은 혼자 있을 때나 울지, 밖에서 엄마들 있을 때는 될 수 있으면 안 울려고 노력해요, 그 엄마 힘드니까.

면담자   그럼 하루 이렇게 일정 하시고 나면 더 피곤하지 않으세요? 되게 많이 참고 계신 거잖아요.

강혁 엄마   예. 밖에 활동하고 이렇게 하면요, 저녁에 잠도 잘 와요, 수면제 안 먹어요. 근데 활동 안 하고 없는 날은 저녁에 수면제 꼭 먹어야 자요. 수면제를 안 먹으면 저녁 내내 아이 생각이 나요, 아이 생각이 나니까, 안 피곤하니까. 저희가 한 25년 족발집 했거든요. 한 25년 족발집을 했는데 16일 날 딱 접었어요. 이제 일도 안 하고 힘도 안 들고 마음만 힘들지 육신은 힘이 안 들잖아요. 그렇기 때문에 잠이 안 오는 거야. 그러니까 애기 생각만 하는 거야. 근데 밖에 나가 활동하면 저녁에 피곤하니까 아이 생각도 할 정신도 없이 자. 그냥 [곯아]떨어져 자는 거야.

면담자   오히려 활동을 하시는 게 많은 어머님들, 아버님들한테 더 도움이 되는 것도 있겠네요.

강혁 엄마   예, 그럼요. 그래도 부모님들이, 많이 활동한 부모님들이 계셔서 여기 이렇게까지…. 그냥 거기서 멈췄으면 우리 세월호는 묻혔을 수도 있어요. 근데 아직 조금, 조금 희망은 있잖아요. 저는 꼭 희망이 있고 밝혀질 거라고 생각해요. 진상 규명도 될 거라고 생각하고. 우리 맨날 그렇게 외치잖아요. "어둠은 [빛을 이길 수 없다]" 그거 외치잖아요, 그죠? 그렇게 되겠죠, 그죠?

7
앞으로의 전망과 바람

면담자   올해 초까지 활동해 오신 것들을 좀 여쭤봤는데요. 이제 어머님이 미리 준비해 오신 게 있으신데, 그 이야기를 해주시면 좋을 것 같아요. 어떤 내용을 말씀해 주려고 하셨는지.

강혁 엄마   아, 제가 이제 1000일이 지나서, 1000일이 지났는데도 여전히 이렇게 잊지 않고 있다는 우리 모두의 그 마음이 확인이 됐잖아요. 그 전에는 확인이 안 됐었거든요. 근데 1000일이 지나[게] 됐고, 세월호를 인양해서 미수습자를 모두 찾고요, 이게 진상 규명을 하고 책임자를 모두 처벌하고, 시민들과 이렇게 함께하는 이렇게 추모공원을 이렇게 만들고요, 그리고 생명을 최고로 이렇게 가치로 여기는 그런 사회를 만들었으면 좋겠어요. 그래서 제가 이 생각을 하고, 이렇게 너무 이렇게 오래된 것 같아서 빨리, 너무 힘드니까 빨리 좀 [되었으면 하는] 바람이에요.

면담자　　　그러니까요⋯. 추모공원은 어디다 만들고 싶으세요?

강혁 엄마　　여기 우리 안산 시민들이 많이 도와주겠죠? 이제 알았잖아요. 아이들이 또 같이 다 있어야 하잖아요. 세 군데 떨어져 있잖아요. 저는 그것도 의심스럽거든요, 왜 이렇게 다 따로따로 놨는지. 한 군데에 놓을 수도 있잖아요. 그것부터 이상한 거예요. 그때는 몰랐어요. 아 그때는 '이렇게 따로따로 있나 보다' 했는데 나중에 이렇게 시간이 지나고 [생각해 보니까] 이렇게 한 것도 다 분열시켜 놓은 거잖아요, 일부러. 아무래도 한군데에 있으면 유가족들이 같이 모이는 시간이 많잖아요. 근데 지금은 아무래도 애들 보러 가도 따로따로 이렇게 가잖아요. 분열시키려고 그랬던 거지, 저 사람들은 다 처음부터 그렇게⋯. 우리만 몰랐던 거예요. 몰랐던 사실이 시간이 지나면서 이제 많이 이렇게 알게 되니까⋯.

면담자　　　계속 의혹이 사라지지 않는 것들이 생기네요.

강혁 엄마　　예, 너무 의심스러운 것도 많고 의혹도 많고.

면담자　　　또 얼마 전에 어떤 사람이 유튜브에 영상을 만들어서 '세월엑스(X)' 만들어서 올렸는데 혹시 그 소식 들으셨어요?

강혁 엄마　　그거 못 봤던 거 같아요.

면담자　　　한 9시간 가까이 되는 영상인데요, 침몰에 대해 의혹을 여러 가지 제기한 게 있더라고요.

강혁 엄마   앞으로 많은 것이 나올 거라고 생각해요, 저는. 엄청난, 엄청난 게 지금 있다는 생각이 들어요. 근데 시간이 [흐르고 있어서]….

면담자   네. 오늘은 이제 그동안의 활동에 대해서 여쭤보고 기억나시는 것들 쭉 같이 시간 거슬러 되짚으면서 말씀을 들었습니다. 그래서 오늘은 이 정도로 마무리하면 될 거 같고요. 이제 다음에 뵐 때에는 오늘까지 말씀 나눴던 것들을 마무리하는 겸해서 세월호가 어머님한테 어떤 변화를 주었는지, 또 지금 돌이켜 보면 드는 소회, 앞으로 전망하는 것들, 그 이후의 일들에 대해서 여쭤보려고 합니다.

강혁 엄마   그거는… 그거는 안 하면 안 돼요? 힘들어 그만하고 싶은데.

면담자   힘드시면은 오늘까지만 하셔도 되시고요. 아니면 나중에 시간 흐른 후에 다시 하셔도 되시고.

강혁 엄마   예, 그때 해도 되잖아요.

면담자   네, 오늘 힘드신데 고생하셨어요.

3회차

2019년 2월 14일

1
시작 인사말

면담자   본 구술증언은 4·16 사건에 대한 참여자들의 경험과 기억을 기록으로 남김으로써 이후 진상 규명과 역사 기술에 기여하고자 합니다. 지금부터 조순애 씨의 증언을 시작하겠습니다. 오늘은 2019년 2월 14일이며, 장소는 안산시 단원구 기억교실 교육장입니다. 면담자는 김익한이며, 촬영자는 강재성입니다.

2
혁이의 부재를 채우는 신앙생활

면담자   계속 성당에 나가서요?

강혁 엄마   네, 그 후로 계속 가죠. 주말마다 가고, 주일 항상 잘 지키고. 가끔 이제 유가족, 금요일 날 생명센터라고 있거든요? 생명센터, 와동에….

면담자   아, 생명센터, 수원교구에서 만든 거 말씀하시는거죠?

강혁 엄마   예, 수원교구…. 거기도 가끔 가고 유가족 부모님과 세월호 아이들을 위한 신부님이 미사도 해주셔요, 거기도 가고.

면담자   지방 신부님이나 이런 분들이 올라오시나 보죠?

강혁 엄마   아뇨, 와동 신부님이 주로.

면담자   와동 신부님이 주로 미사를 집전하셔요?

강혁 엄마   네.

면담자   아니 그런데, 혁이 데리고 가신 하느님 뭐… 별로 이
쁘진 않을 텐데요?(웃음)

강혁 엄마   그러니깐요.

면담자   그래도 열심히 성당에 나가시네요.

강혁 엄마   두 가지 마음이 있어요, 제가. 한 가지는… 원망도
해요. 혁이가 너무 보고 싶을 때는 미워요. 하느님이 밉고, 왜 꼭
그렇게 먼저 데려갔냐고 원망도 해보고요. 그런데 또 가만히 생각
해 보면 제가 또 부탁을 해야 하잖아요? 저 갈 때까지 성모님께 부
탁을 해요. 기도하면서 기도 속에서 '성모님, 저 갈 때까지 우리 혁
이 정말 잘 돌봐 달라고' (울먹이며) 부탁할 분이 성모님밖에 없잖아
요? 지금은 성모님밖에 없잖아요? 제가 우리 혁이를 보살피고 제가
항상 우리 혁이를 이렇게… 이렇게 보듬고 살았는데 어느 날 갑자
기 없어지면서 하늘나라 갔다고 저는 지금도 생각해요. 100프로
갔고요. 그런데 부탁을 해야 하잖아요, 저 갈 때까지.

면담자   우리 혁이 다 컸고, 그다음에 이 야만스러운 지상의
세계보다 저 천상의 세계는 참 좋은 세계인데 뭔 부탁까지 해요?
잘 지낼 거예요(웃음).

강혁 엄마　　　우리 혁이가 하늘나라 갈 때까지는 저한테는 애기였거든요… 애기였어요. 누나하고는 또 다른 그런 애기였어요. 누나는 참 당당하고 굉장히 애가 좀 강하다고 생각하면, 혁이는 그게 아니었어요, 반대였어요. 항상 여리고 엄마 아빠가 없으면… 못 살 것 같은 그런 애기. 혁이 아빠랑 저랑[저를] 생활력[을] 강하게 만든 것도 우리 혁이었어요. 우리 딸이 아니었고요, 혁이었어요. 누나 같은 경우는 절대 [안 그렇고요], 설령 이 엄마 아빠가 없고 혼자 됐을 때 편의점에서 아르바이트해서라도 살 애기예요, 딸은… 똑똑하고. 그런데 혁이는 그렇지 않았거든요.

면담자　　　참사 이후에 성당 계속 못 나가시는 분들이 많은데, 그래도 혁이 엄마는 잘 극복하고 성당에 열심히 가시는 것 같은데요.

강혁 엄마　　　그게 아니구요. 전에 다녔던 분들은 하느님을 믿고 예수님을, 성모님을 [믿고 성당을] 그렇게 다녔던 그 부모님들은… 냉담을 하고 있어요, 지금도 몇 분이. 그런데 그것도 저는 이해가 가요. 오직 하느님만 믿고 오직 그 믿음 하나로 이렇게 아이하고 행복하게 살다가 아이가 어느 순간에 없어졌잖아요? 원망스러운 거예요. 근데 그분들도 꼭 또 다시 올 거라고 생각해요. 절대 끝까지 냉담은 안 할 거라고 생각해요. 저 같은 경우는 혁이 보내고 세례를 받고 신앙생활을 했잖아요? 그래서 어쩔 때는 감사해요. 제가 버틸 수 있었던 것도 이 신앙생활 하면서 많이 버텼던 거 같아요. 그래서 감사해요. 저는 혁이 아빠한테도 가끔 이런 말을 해요. "당신은 지금도 견딜 수 있나 봐. 나는 죽을 것 같아서 하느님을 찾았는데……". 가끔 제가 혁이 아빠한테 그래요. "내가 소원이 있다면 지금은 소원이, 옛날에는 소원도 많았고 희망도 많았고 그랬는데, 지금은 나는 희망도 소원도 없다, 단 한 가지 딱 있다. 아빠 손잡고 성당 가는 거. 그러면 아빠가 저처럼 조금 더 평화롭지 않을까?" 저는 많이 그래도 어느 순간에는 맨날 이렇게 고통스럽고 괴롭지만은 않아요. 어느 순간에 기도를 하고 있으면 기도 속에서 제가 평화로움을 느껴요. 그거는 아빠는 아직 모르잖아요? 그게 안타깝죠. 저는 가끔 기도하다가 제가 평화롭게 혁이를 만나는 느낌을[느낌이] 있을 때도 있어요. 그래서 기도를 하는 거고.

면담자   강혁이 아빠는 왜 안 간대요?

강혁 엄마   아직도 혁이 아빠는 부정적인 그런 생각을 해요. 근데 제가 그래요.

면담자   왜?

강혁 엄마   "하느님이 있으면 어떻게 [혁이를] 데려갈 수 있냐?"고 지금도(웃음) 그래요. 근데 "그 말을 제 앞에서는 하지 마라" 그래요. 제가 그거에 대한 설명을 해줘요. "하느님도 어쩔 수 없는 상황이 있다. 그때는 이런… 사람들이 잘못했지 얼마든지 살릴 수 있는데, 나가라면 10분 안에 다 나올 애기들인데 어떻게 하느님이 나가라고 하냐? 이거는 인간들이 잘못한 거다" 저는 그렇게 해요. 그러면 할 말 [대신] 혁이 아빠가 뻔히[빤히] 저 쳐다봐요. 이제 할 말을 잃은 거죠.

면담자　어머니는 말하자면 그 배가 침몰해 가는 상황에서 하느님이 혁이를 구할 능력이 없다고 지금 보시는 거네요?

강혁 엄마　네. 왜냐하면 그 상황에서는 인간이 "나가라" 하면 살 수 있었어요. 하느님도 어쩔 수가 없었어요, 저는 그렇게 생각해요. 제가 [혁이] 보고 싶을 때는 원망스러워요, 솔직히. 혁이가 미치도록 보고 싶을 때는 미워요, 좋지만은 않아요. 근데 제가 아까 말했잖아요? 두 가지 마음을 갖고 있다고, 제가. 미울 때도 있고, 고마울 때도 있고.

면담자　'혁이가 이제 천상의 세계에 있으니까 하느님께 빌고 마리아를 통해서 구하고 하는 것이 천상에서의 혁이의 삶을 위해서 너무 도움이 되겠다' 그런 확신이 들면, 혁이 아빠 스타일이라면 정말 엄청 성당에 열심히 다닐 것 같은데요?

강혁 엄마　제가 수녀님한테 제가 느낀 그대로를 말해 봤어요. "수녀님, 제가 있잖아요. 영혼이 딱 끊길 때 우리 혁이가 '엄마 너무 보고 싶었다고 왜 이제 왔냐'고, '너무 보고 싶었다'고 제 손을 딱 잡을 것 같다"니까 제가 그렇게 믿으면 그렇게 된대요. 저 진짜 그거 믿음 하나로 이렇게 열심히 기도하고, 항상 제가 마지막 소원은 제가 우리 혁이 만나는 거. 네, 만나는 게 마지막 소원이에요.

면담자　혁이가 어디 가 있을 거 같아요?

강혁 엄마   제가 눈을 딱 감고 기도하면요, 우리 혁이가 성모님 품에서 저한테 하는 것처럼…… 항상 우리 혁이가 애정 표현도 잘했다고 그랬잖아요? 제 옷도 잘 만져요. 머리도 잘 만지고 손도 잘 잡고. 항상 집에 갈 때는 가게에서 끝나고 집에 갈 때는 엄마 백을 지 어깨에다 딱 메고, 우리는 꼭 혁이하고 둘이 손깍지를 했어요, 손깍지 하고 갔어요. 집에 현관 딱 가서 번호 누르면서 이렇게 서로 빼요. 그리고 덩치가 혁이가 좋잖아. "엄마, 내가 엄마 보디가드야" 항상 그렇게 했어요, 혁이가. 그래서 제가 눈을 딱 감을 때 우리 혁이가 그렇게 할 거 같아요.

면담자   혁이가 항상 성모님 옆에만 있으면….

강혁 엄마   예. 있으면서 제가 갈 때는 성모님한테 그래야죠, "저 엄마 데리고 올게요".

면담자   아니 혁이도 밥도 먹어야 될 거고 놀러도 가야 될 거고 그런데 성모님만 옆에 있으면 아무것도 못 하잖아요?(웃음)

강혁 엄마   그러니까 여기에서도… 여기에서도 혁이가 엄마 옆에만 있는 거 아니잖아요? 친구도 만나고 밥도 먹고 놀다가 엄마가 좋을 때 이렇게 하듯이, 혁이도 하늘나라에서 성모님한테 저한테 하듯이 그대로 하고 있다고 생각해요. 부모… 엄마, 엄마잖아요.

면담자   참 멋진 생각이십니다. 저도 그렇게 믿어요.

강혁 엄마   네. 여기에서는 지상에… 저기에서는 성모님이 엄마고 여기에서는 제가 엄마였잖아요. 이제 엄마가 바뀐 거죠(웃음). 다시 제가 갈 때는 제가 이제 그 자리를….

면담자   인계받아야지, 아주 나중에(웃음).

강혁 엄마   그쵸. 그리고 제가 막 "혁이 보고 싶다"고, "우리 혁이 지금 아토피도 심한데, 우리 혁이 씻을 때 됐는데" [하면서] 막 울었어요, 막. 땅바닥에 앉아서 울었어요, 제가(울음). 울었어요, 정말 장판에 앉아서 울면서 그랬더니, 수녀님이 혁이 엄마한테 안 지려고 더 잘한대요. 성모님이 더… 혁이 엄마한테 질까 봐 더 잘하니까 그런 걱정을 하지 말라고 그러더라고요.

3
꿈과 일상에서 마주치는 혁이

면담자   혁이를 하늘로 보내고 나서는 혁이가 어머니께 어떻게 나타났어요?

강혁 엄마   꿈에요?

면담자   꿈이든 뭐든.

강혁 엄마   안 좋은 모습. 그러니까 웃는 모습이 없었어요, 꿈에도. 제가 이사를 했는데 우리 혁이 초등학교 때 체육복이 노란색이었어요, 한 벌. 한 벌을 입고 제 머리맡에서 베개 위에서 저를 이렇게 머리를 쓰다듬으면서 혁이가 "엄마, 나 엄마랑 같이 있고 싶은 데" 그것도 너무 생생하거든요. 근데 제가 항상 꿈을 꾸면 우리 혁이가 없다는 거를 제가 느끼고, 제가 "그래, 혁아. 엄마 혁이랑 같이 있자" 이 소리를 안 했어요. '왜 혁이가 왔는데 왜 나랑 같이 있자 그러지? 이건 아니야' 꿈에서 그랬어요. 근데 눈을 딱 떴는데 막 제 자신한테 욕하고 울었어요. "네가 엄마냐?" 어떻게 자식이 같이 있고 싶다는데 '그러자' 소리를 안 했어요, 꿈에. 너무너무 미안하더라고요. 진짜 혁이한테 미안하더라고, 그렇게 안 한 게.

면담자   꿈 말고 생활을 하면서도 혁이가 느껴진다거나 그런 경우도 있으셨어요?

강혁 엄마   음… 그죠. 인제 차를 타고 가면, 주로 차를 타고 가면 항상 누나가 아빠하고 앞에 타고요, 혁이하고 저하고 뒤에 탔는데… 항상 혼자, 셋이 가는데도 (울먹이며) 그 혼자라는 느낌 있잖아요? 셋이 가는데 혼자 같은 기분, 혁이가 없으니까. 그리고 혁이가… 우리가 이제 가게 놀 때에 방학 때 주로 1년에 두 번 가거든요, 펜션에 놀러. 강원도 같은 데 가면 한 서너 시간 걸리잖아요? 그러면 혁이가 항상 무릎베개를 해줘요. 저는 이제 장사를 하니까 힘드니까 그냥 앉으면 좋아요, 피곤하니까. 그러면 혁이가 무릎에 탁 엄마 누으라 하고 저는 거기서 자고 가요, 혁이 무릎 베고. 그러면 다 와서 일어나라고도 안 해요. 그렇게 착해요. 다 와서 "엄마, 다 왔어 일어나" 그러는데, 어디를 가면 혁이가 없는 걸 너무 느껴져요. 항상 저랑 같이 뒤에 앉아서 이렇게 갔는데 지금은 혼자 뒤에서 앉잖아요, 그럴 때.

면담자   예를 들어서 집에서 주무시다가 일어났는데 갑자기 혁이가 보인다든지 그런 경험도 있으셔요?

강혁 엄마   한번은 아빠가 아빠들하고 술을 먹고 들어왔는데, 항상 아빠가 거실에 자는데 자기도 이제 혁이가 없으니까 외로웠는지 안방을 들어왔어요. 들어왔는데 덩치가 비슷해요. 잠결에 제가 이렇게 딱 했는데 혁이로 느낀 거예요. 했는데 눈을 딱 떴는데 아빤 거야. 제가 막 화냈어요. "안방을 왜 왔는데! 나가라고!" 그랬어요. (울먹이며) 혁이가 아니어서. 그런데 아빠가 나가면서 아무 말도 안 하고 나가는데, 지금 안방 절대 안 들어와요. 네, 그런 게 한 번 있었어요. 아빠를 혁이로 착각했어요. 제가 이렇게 딱 했을 때, 잠결에 이렇게 했는데 뭐가… 가끔 자면서 우리 혁이[와] 제가 같이 자니까, 이렇게… 그런데 아빠를 혁이로 느껴가지고 화낸 적[이] 있어요.

4
신앙생활 속에서 겪는 어려움

면담자   선부동 성당에서 영세를 받으실 때 예비자 교리도 하시고, 또 영세를 하면 어쨌든 새로 오신 분이니까 선부동 성당의 신자들이 어머니 축하도 하고 뭐 이럴 텐데, 대체로 유가족인 건 알았을 거 아니에요?

강혁 엄마   아니요. 교수님 저는 생명센터에서 교리, 저기 세례 받았어요, 그때는….

면담자   아, 신부님이 생명센터에서도 영세를 주셨구나?

강혁 엄마   유가족만 특별히. 왜냐하면 저희 같은 경우는 그때에는 초창기니까 일반인 만나는 거 힘들어했거든요. 그러니까 따로 유가족만 생명센터에서 교리 공부시키고 6개월 후에 세례를 줬어요. 세 명 그때, 세 명 세례[를 받았어요].

면담자   누가, 누가 했어요?

강혁 엄마   8반. 8반에 저기… 저하고 8반 엄마하고, 한 명이 누군지 생각이 안 나네. 두 명인가 봐요, 두 명. 저랑 둘이.

면담자   생명센터에서 큰일을 했네요.

강혁 엄마   그럼요.

면담자   영세를 하고, 거기에서 어찌 보면은 어머니는 그나마….

강혁 엄마   버틸 수 있는….

면담자   현재의 삶을 유지하는 힘을 얻을 수 있었으니까. 생명센터에서는 주로 무엇을 했어요? 뭐 프로그램 같은 게 있었을 텐데?

강혁 엄마 조순애

강혁 엄마   생명센터에서 주로 엄마들 그림, 유화, 유화 그리기 그림하고 했고요. 또 엄마들이 몇 분이서 반찬 나눔, 독거노인들, 그런 것도 했었고. 그렇게 세월 보낸 것 같아요, 그렇게 하면서.

면담자   생명센터는 누가 운영을 합니까?

강혁 엄마   수원교구에서 그 뭐라 그러죠, 대주는 걸 뭐라 그러죠, 후원? 수원구역에서 후원을 해줘요. 그러면 그걸로 운영해요. 사무실에 직원이 두 분 있고, 그걸로 유가족을 위한 봉사하시는 거죠, 수원교구에서.

면담자   수녀님이나 신부님은 상주하시는 분은 없고요?

강혁 엄마   네. 그냥 상주는 안 하고 일주일에 한 번씩 미사해 주시고, 오셔서.

면담자   수녀님은 신부님 미사할 때 주로 따라오시고? 아니면 다른 프로그램도 하고 하십니까?

강혁 엄마   오실 때도 있고. 수녀님들은 안 해요, 안 하시고. 미사할 때 한 분씩 어쩌다 계시고 어쩔 땐 없고 그러시죠.

면담자   지금도 생명센터 미사가 계속되고 있습니까?

강혁 엄마   금요일 날 계속되고 있는데요, 초창기에는 유가족만 했었어요. 근데 솔직히 좀 더 편했거든요? 그런데 이제 일반인이랑 같이해요. 와동 신부님 오셔서 미사를 하면은 와동 신자분들이 와서 같이해요. 저 같은 경우는 끝나고 미사 끝나고 성경 공부도 해요. 근데 머리에 잘 안 들어오니까… 한 두어 번인가 공부했는데 공부는 안 하고 미사만 하고 집에 와요, 저는.

면담자   그러면 금요일하고 일요일 주일미사하고 일주일에 두 번 미사를 받으시겠네요?

강혁 엄마   예, 일주일에 두 번.

면담자   생명센터 미사에는 유가족들은 몇 분이나 오십니까?

강혁 엄마   보통 네 분. 초창기에는 한 여서일곱 분 됐는데 지금 한 네 분 정도.

면담자   가톨릭 신자가 못해도 한 30명은 될 텐데? 생각보다 많이 안 나오시네요.

강혁 엄마   제가 알기로는 한 열 분 정도는 알고 있어요, 열 분.

면담자   그런데 이제 생명센터에 다 나오시지는 않고요?

강혁 엄마   안 나오시고.

면담자   왜요? 그분들은 왜 안 나오세요?

강혁 엄마   저 같은 경우는 일반인 때문에 안 나가거든요. 아무래도… 어쩌다 보면 신부님이 웃긴 말도 하셔요. 안 웃을 순 없잖아요? 웃어도 엄청 눈치 보게 돼요. 또 안 웃고 있으면 그것도 미안하고. 그리고 성경공부 해도 머리에 들어오지도 않고, 미사랑 기도를 해야 되니까 어쩔 수 없이 가고…. 저 같은 경우는 그래요.

면담자 일반인 신자들이 신부님이 좀 웃기는 소리를 해서 유가족 신자가 좀 웃었기로서니, 그거가지고 뭐라 그러겠어요?

강혁 엄마 그런데 그거는 자격지심이죠. 제 생각이죠. 제가 그런 쪽으로 좀 불편하니까…. 저는 지금도 일반인은 안 만나고 있거든요. 우리 형제자매도 1년간은 만났어요. 그 후로는 형제자매도 안 만나요. 왜냐하면 초창기에는 정신없이 만났는데 그 후부터는 항상 이렇게 만나면 그 자리에 혁이만 없는 거예요. 그것도 괴롭더라고요. 항상 이렇게 그전에 혁이 있을 때는 굉장히 이렇게… 가족들도 잘 만나고 친척도 잘 만나고 재미있게 살았죠. 그런데 음… 더 힘들더라고요. 그래서 그냥 명절 때도 아빠랑 딸이랑 셋이 이렇게 그냥 조용하게 보내고, 아니면 광화문 가고. 저 같은 경우는 명절에 광화문 가는 게 오히려 더 편해요. 이번에도 광화문 갔는데요. 오히려 더 편해요, 혁이 보고 오는 게.

면담자 그러면은 평일 금요일 날은 생명센터에서 미사를 보시고, 일요일 날은 어머니 교적이 있는 선부동 성당에서 미사를 지낼 텐데.

강혁 엄마 우리가… 4주기 전까지 합동분향소에서 천주교 미사 있었잖아요? 오히려… 기다려줬어요. 그때는 주일에 성당으로 안 가고 합동분향소로 갔거든요. 엄청 기다리셨어요. 혁이하고 같이 있는 것 같은 그런 느낌이었거든요. 성당에, 지금도 성당에 가면 그런 느낌이 덜해요, 합동분향소 있을 때보다는. 근데 4주기 끝나고 없어졌잖아요. 참 슬펐어요… 많이 슬펐죠.

면담자   선부동 성당에서 미사를 지낼 때는 그 정도 느낌은 안 든다는 거네요?

강혁 엄마   그렇죠. 합동분향소에서 주일에 미사할 때는 그냥 혁이랑 같이 있는 기분, 그런 마음이었거든요. 근데 본당에서는 그런 마음이 그 정도는 안 들어요.

면담자   본당에서는 혁이 어머니가 유가족이라는 걸 신자들이 대부분 압니까? 신부님까지 포함해서.

강혁 엄마   신부님은 아시죠. 신부님, 수녀님은 아시는데, 제가… 제 잘못인데 대인관계를… 왜냐하면 미사 갔다가 미사만 하고 얼른 이렇게 수녀님만 인사하고 얼른 집에를 와버려요. 봉사활동도 있고, 같이 모임도 있고, 봉사활동도 있어요. 근데 거기에 참여 못 해봤어요.

면담자   왜요?

강혁 엄마   음… 안 돼요, 그게. 엄마들하고, 유가족 엄마들하고는 잘 지내고 말해도 소통이 잘되고 같이 공감도 잘하는데 일반인들하고는 안 돼요, 그게. 아직까지는 안 돼요, 그게. 저한테 문제가 있겠지만.

면담자   안 된다는 거는, 어머니가 행동하거나 말하거나 하는 게 부자연스러울 뿐만 아니라 그들이 어떻게 표정 짓는 거나 말

강혁 엄마 조순애

하는 거나 등등도 불편하다는 말씀이셔요?

강혁 엄마　　　그렇죠. 근데 그분들도 막 저한테 말 안 걸어요. 그냥 서로, 이렇게 보면 제가 그렇게 생각해서인지 몰라도 저한테 말 걸고 안 그러시더라고요.

면담자　　　저하고는 이렇게 얘기 잘하시면서?

강혁 엄마　　　네, 저는 이렇게 아는 분하고는 말 잘해요 또. 근데 처음 보는 사람하고는 말 막 못해요. 그러니까 거기 성당 가면 보통 다 처음 보는 사람 같애, 지금도. 몇 년 됐는데도. 제가 막 다가가고 싶지 않아요. 왜냐하면 어쨌든 우리 혁이 보내고… 제가 믿음생활 해도 믿음생활 하는 사람끼리는 제가 다 믿어요. 근데 믿음생활 안 하는 사람은 '저 사람을 내가 믿어야 되나 말아야 되나' 그런 것부터 잘못됐지만, 무서워요. 사람이 무섭다는 걸 우리 혁이 보내고 알았어요. 그리고 이렇게 보면은 음… 가족끼리도 이렇게 막 상처 주는 것도 있잖아요? 그런 것도 봤거든요. 아, 무서워요. 그래서 저는 이렇게, 이렇게 몇 번 만나보고, '이 사람 좀 진지하다' 하면 그분하고 이렇게 하는데, 아니다 싶으면 제가 뒤로 물러서요.

5
인양 이후 세월호를 마주한 경험

면담자　　　성당 얘기를 좀 많이 한 거는 어머님의 마음속의 이야기, 그런 걸 나누기 위해서 제가 말씀을 많이 드렸고요. 전혀 다른 얘긴데, 세월호가 올라오고 직립됐잖아요? 혹시 그거는 보셨어요? (강혁 엄마 : 예) 언제?

강혁 엄마   그날 가서 이렇게 밑에… 천천히 올라오는 거 끝까지 다 봤어요.

면담자   그걸 보시고는 어떠셨어요?

강혁 엄마   보면서… 이렇게, 이렇게 할 수 있는데……. 제가 청문회에서 가서 듣고 봤을 때, 너무 황당한 걸 들었거든요. 열려 있었어요… 열린 문이, 열려 있어 가지고 거기로 물이 들어와서 차가지고 그렇게 됐거든요. 공기주입기 넣었다 그랬잖아요? 우리 한 뼘밖에 안 돼요, 그게. 어떻게 그게 공기주입기 기술을[기능을] 할 수 있어요? 그렇게 했고, 그거를 이렇게 세워지는 걸 보면서…(한숨) 진짜 저 속에서 우리 혁이가 얼마나, 얼마나, 얼마나 고통스러웠을까. 그 세월호 배만 보면요, 괴물 같애요. 저 배 안에서 우리 혁이가… 막 그 상상 먼저 드는 거예요. 배 안에서 얼마나, 얼마나 고통스럽고 엄마 소리를 얼마나 불렀겠냐고요, 거기서. 그 배 안에도 들어가 봤거든요. 우리 혁이가 거기서 잤고 그 자리에서 우리 혁이를 데려왔다 그러더라고요, 잠수사 그분이. 그 자리를 제가……. 초창기에는 매일 울고만 했괴[있었고], [이후에는] 진짜 강해, 제가 강해졌던 거 같아요. 우리 혁이가, 배가 가라앉은 거 보면서 사람이 오기가 생긴 거예요. '내 새끼가 왜?' 어느 날 갑자기 가다가 교통사고가 난 것도 아니잖아요? 그거는 어쩔 수 없는 거예요. 근데 살릴 수 있는 애기들을 그냥 수장시켰잖아요?(한숨) 제가 강해졌던 거 같아요, 그런 걸 보면서.

면담자   배 안에까지 들어가서 혁이가 있었던 곳까지 가보셨나 보네요.

강혁 엄마   예, 사진도 찍었어요.

면담자   확인을 하시고 사진 찍고?

강혁 엄마   제 핸드폰에 수백 개가 저장돼 있거든요. 처음에 제가 활동한 거부터 처음부터 끝까지 그거 다 저장돼 있고, 배 안에 세월호 해놓고, 세월호에 대한 배 거기 나와 있는 거, 차 같은 거, 철근 같은 거 제가 다 찍어놨거든요. 찍기까지[찍을 정도로까지]… 그렇게 제가 강해졌던 거 같아요. 저는 못할 줄 알았거든요, 맨날. 근데 강해져야만이 진실이 밝혀진다는 걸 알았고요. 또 진실이 밝혀져야 우리가 죽을 때도 눈감을 수 있고, 또 아이한테 눈곱만큼[이라도] 덜 미안하고. 어쨌든 엄마, 아빠가 똑똑한 부모였으면 우리 아이가 이렇게 됐다는, 됐을까는 생각도 해봐요. 엄마, 아빠가 똑똑하고 하다못해 뭐 국회의원이나 아니면 만약에, 만약에 대통령 자식이었으면 그렇게 죽었을까요? 이런 생각도 해봐요. 그런 면에서 미안해요. 못난 엄마여서 미안해요.

6
이사를 결정한 계기와 변화, 그리고 혁이

면담자　　이사 가신 거에 대한 얘기 좀 하려고 하는데요. 이사 하게 된 계기는 무엇이었어요?

강혁 엄마　　이사하게 된 계기는, 아까 말했잖아요. 혁이가 막 헛 것으로 보이고 막 환청도 들리고… 모르겠어요, 일단은 막 무서웠 어요. 왜냐하면 그게 왜 이사를 하려 그랬냐면요, 우리가 초창기에 서명을 다녔잖아요? 서명을 다녔는데 딸하고 같이 다녔거든요. 근 데 딸이, 우리 이제 서명하고 저녁에는 모텔에서 셋이 잤단 말이에 요. 딸이 아침에 딱 일어나더니 "엄마, 나 무서워. 너무 무서워" 막 이래가 떨고 있어요. "왜?" [하고 물었더니] "엄마 나 꿈을 꿨는데…" 집에다 목욕 욕조에다가 ○○가 요구르트 하나를 놓고 빨대를 꼽 아놓고 메모를 써놓고 왔어요. "혁아, 엄마, 아빠, 누나 서명받고 올게. 집 잘 지켜" 그렇게 써놓고 왔더라고요. 근데 꿈에 혁이가 하 복을 입고 싹 집으로 들어오더래요. 집으로 들어오니까 목욕탕으 로 가더래, 혁이가. 근데 제가 주방에서 조개를 많이 삶아갖고 상 에다가 조개를 냄비에다 하나 해갖고 혁이를 막 주더래요, 목욕탕 에다가. 혁이가 앉아서 막 두 손으로 먹더래요. 근데 제가 막 화를 내더래. "어디 갔다 이제 왔냐"고. "어디 갔다 왔냐고!" 혁이가 아무 소리도 않고 막 먹기만 하더래요. 그 이야기를 아침에 하는 거예 요. 그리고 이제 집으로 왔는데 메모지에다 딱 그렇게 써놨더라고요. 근데 꿈에 그렇게 나왔다는 거예요. 그리고 며칠 있다가 혁이 교복이 왔어요. 교복이 왔는데 그 교복을 보는 순간, 그때 혁이 그 침대에서 누워 있는 딱 그 마음이었어요. 얼마나, 얼마나 제가 울다가 실신하니까, 제가 이제 쓰러졌는가 봐요. 기억은 나요, 다 들려요. 아빠가 딸한테 "바가지에다 물 좀 떠오라"고, 물을 막 저한테 얼굴에 뿌리는 거예요. 아빠가 물을 마셔갖고 뿌리고 해갖고 제가 일어났는데, 그 교복을 이렇게 딱 폈는데 바다 냄새가 엄청 나는 거예요. 저는 그 교복을 갖고 있고 싶었어요, 사실. 교복을 갖고 있고 싶었는데 딸이 그러는 거예요. "엄마, 혁이가 교복을 입고 올라온 거는, 입고 집에 온 거는 교복을 달라는 거 같애" 그래서 제가 그 교복을 갖고 있으려고 빨아갖고 옥상에 널었어요. 이틀을 말렸어요, 그래도 [바다 냄새가] 나요. 그래서 다시 욕조에 또 넣었어요. 누구 말대로 식초를 뿌리면 또 없어진다 그래서 식초를 하나를 다 뿌렸어요. 그리고 해놨어요, 하루를. 또 빨았어요, 또 널었어요. 또 나요. 그렇게 세 번을 했는데 안 되겠더라고요. ○○가 태워주재요. 그래 가지고 딸하고 저하고 언니하고 셋이 그것만 어떻게 할 수 없어서 저 물왕리[시흥시 물왕저수지 근체] 가는 데 다리가 있더라고요. 거기서 메모지로 제가 세 개를 썼어요. 메모지 세 개에 쓰고 3만 원 이렇게 해갖고, 메모지 한 장이 있고 만 원하고 옷하고 태우고. 그렇게 해갖고 태워줬어요. 태워줬는데…, 근데 뭔 말 하다 이 말까지 했어요?

면담자　　　혁이가 그러니까 이사 가기 전에는 어머니한테 뭐, 말

129
•
3회차

하자면 환청처럼 소리도 들리고 보이기도 하고 이랬다는 얘긴데.

강혁 엄마   제가 집이 아까처럼 50평이라 넓었다고 그랬잖아요?
아빠랑 딸이 어디 이제 볼일 보러 가면 저 혼자 있잖아요? 불을 다
켜고 있었어요, 그 넓은 집에. 막… 일단은 무서우면 안 되는데 무
서웠어요, 그냥 무서웠어요. 그래 가지고 불 다 켜놓고 있었어요,
그 넓은 집에. 못 살겠더라고요. 그래서 그 집을 내놨어요. 근데 한
달 만에 팔렸어요. 그래서 이사를 했어요. 근데 아빠가 혁이 보고
이사 온 집으로 가야 되는데 혁이 살던 집으로 가는 거야. 두 번 그
랬어요. "아, 여기 아니다. 우리 이사 갔지, 여보" 어쨌든 자꾸 그
집이 그립긴 한데 여기 이사하니까, 아까 말했잖아요. 남의 집에
있으니까, 지금도 남의 집 같아요. 네, 그래서 이사했어요.

면담자   남의 집에 있는 거 같은 느낌이 차라리 나아요?

강혁 엄마   나아요.

면담자   왜요?

강혁 엄마   그냥… 다른 생각이 덜 나니까. 거기 있으면은 계속
혁이 모습으로 보여요. 방에서도 서 있는 거 같고, 욕실에서도 "엄
마!" 부르는 거 같고, 베란다에서도 "엄마" 부르고 막 쑥 들어와 버
리는 거 같고… 계속 헛것이 보여요. 그 집에서는 헛것이 그렇게
보였어요, 막. 혁이 모습이 너무 많이 보였어요, 막. 이렇게 내다보
는 거 같고 저기만 입고, 메리야스만 입고 "엄마!" 하고 이렇게 부

르는 거 같고. 그런데 여기서는 그런 느낌 하나도 없어요. '남의 집에 있는데 혁이가 왜 있어?' 이런 느낌이에요.

면담자   이제 지금 이사 간 집에서는 혁이가 이사 간 집에서 환시처럼 나타나고 이런 게 없으니까, 오히려 '하늘나라에 안전하게 가 있다' 이런 느낌이 드시는 것이군요.

강혁 엄마   예. 거기서는 막 혁이 모습이 보이고 막 환청도 들리고 그랬는데 여기서는, 여기로 이사 와서는 '혁이가 하늘나라에 있는데, 여기는 없는데?' 이런 생각. 네.

면담자   내일 모레면 우리가 5년이거든요. 근데 진도에서 혁이 데리고 오고 난 때가 2014년이죠? 현재 2019년의 시점까지 어머니가 뭔가 이렇게 변한 느낌이 있으세요? 어머니 말씀 들어보면 비슷한 거 같아요.

강혁 엄마   변한 거요?

면담자   혁이에 대한 느낌이라든지 혁이에 대한 그리움이라든지 뭐 그런거요.

강혁 엄마   제가 생각하기로는 변한 건 없는 거 같아요. 그대로 같아요, 네. 여기는 남의 집 같은 느낌이 든다고 그랬잖아요. "엄마" 하고 온다는 생각은 안 해요. 그런데 거기서는 아빠가 삐삐삐 [하고 번호키를] 눌린단[누른단] 말이에요? 그러면 혁이가 들어올 것 같았어요, 그 집에서는. 근데 여기서는 누가 삐삐 [하고] 눌러도 그냥 '딴 사람이 오지' 이런 생각. 근데 변함은[변한 것은] 지금 혁이가, 제가 신앙생활을 하니까 하늘나라에 있다고 생각하잖아요? 그 전에는 혁이가 하늘나라에 있다고 생각 안 했어요. '우리 혁이 좀 있으면 와. 잠깐 어디 갔어' 이렇게 생각했어요. 근데 제가 신앙생활 하면서 혁이가 올 거라는 생각은 안 해요. 하늘나라에 있다고 생각해요. 그게 변함인[변한] 거 같아요.

면담자   조금 딴 얘기인데요. 어머니, 아버지 이제 20년 이상을 두 분이 같이 장사를 하시면서 잘 살아오셨는데, 우선 혁이 엄마가 그 일하느라고 애한테 잘 못 해줬다든지 이런 기억을 혹시 갖고 계세요? 지금 얘기를 들어보면 너무너무 혁이한테 잘해주고 혁이도 너무너무 엄마를 따라주고 그런데도 회한이 있어 보여서, 제가 옆에서 볼 때에는, 그게 뭐냐는 거지요.

강혁 엄마   제가 혁이한테 잘못한 거는… 제 욕심부린 거. 왜냐하면 혁이가 아들이어서, 아들이어서 과외도 시켜봤거든요. 과외 시키고, 딸은 과외비가 아까워서 못 시켰어요, 사실. 비싸잖아요? 과외 시키면서 혁이가 약간 우울증 같은 거도 왔어요. "엄마, 저 선생님 좀 안 오면 안 되"냐고, "엄마 나 죽을 거 같아" [했거든요]. 애는 공부는 아니었는데 제 욕심을 부렸던 게……. 제가 잘못이라면 딱 그거 하나, 우리 혁이한테 제 욕심으로 막 이렇게 집착하고 막… "공부해야 돼" [다그쳤던 것], 우리 혁이가 공부를 못했거든요. 공부를 못했으니까 '나중에 사회생활 어떻게 할까?' 그런 생각에서

[그렇게] 했는데, 그게 제가 잘못한 거 같아요. [혁이가] 약도 먹었었어요, 그렇게 해가지고. 그게 참 미안해요 지금도.

면담자   뭘 더 해주고 싶었어요?

강혁 엄마   그냥 그 뒤로 애기가 "죽을 거 같다고 엄마" 그래서 제가 마음을 딱 접었어요. 욕심을 내렸어요, 제가. 욕심을 내리니까 우리 혁이도 편안해하고 저 역시도 편했고요. 그 뒤로는 참 애가 좀 활발해졌어요. 그 전에는 그렇게 우울증이 오려고 하면서 활발하진 않았어요, 제 욕심에 과외도 막 시키고 그러니까. 근데 욕심을 내리니까 서로 편했는, 혁이 아빠가 저한테 한 말이 있어요. "당신은 혁이한테 최선을 다했다, 잘했다. 근데도 이렇게 힘든데", 아빠는 한 번씩 때릴 때도 있잖아요 아빠들, [애가] 말 안 들으면. 그것도 미안하고. 욕심부리고[부리지 않고] 막 애들하고 놀아줘야 되는데……, 혁이가 축구를 좋아했거든요. 놀아줘야 되는데 돈 번다고 가게 온 것도 미안하고, 아빠가 미안한 것 자기는 많대요. 근데 저는 이제 제 욕심에 그렇게 했던 게 미안해요.

면담자   지금 이사 가서 어머니, 아버님은 어떻게 지내세요? 일단 일은 접으셨고요.

강혁 엄마   일은 접었고요. 그냥 아빠가 한 1년 반은 활동했어요. 아빠도 활동하다가 아빠가 더 힘들어하는 거 같아서 "활동을 그만하고 그 대신 내가 다 할 테니까 자기가 집에서", 딸 있잖아요? "딸 잘 보살피고 내가 집에 신경 안 쓰게끔 자기가 좀 해주라" 그래

갖고 아빠는 그렇게 했고. 주로 이제 아빠랑, 제가 활동 없는 날은 아빠하고 같이 시간 보내고, 활동 있는 날은 아빠가 이제 집안에서 자기가 도움 다 하고 그렇게 이렇게 보내보니까, 몇 년 됐어요. 그냥 하루하루를 그렇게 지내요. 눈뜨면 그냥 아무 희망도 없고 어떻게 해야 된다는 생각도 없고, 그냥 눈뜨면 하루 그렇게 보내요. 의미가 없어요. 아무 의미가 없어요. 그렇게 옛날에는 욕심도 많고 막… 참 행복했고 욕심도 많았는데 지금은 욕심도 없고. 지금도 아빠랑 저랑 장사하면 금전적으로는 힘들지는 않죠. 워낙에 이제 둘이 오래 했고 이제 노하우를 다 아니까. 근데 '왜 벌어야 돼? 왜 돈을 벌지?' 이 생각부터 드는 거예요. '왜? 있는 거 그냥 쓰다가 죽지 뭐' 그렇지. 그때가 행복했던 거 같아요. 돈 모으고 애들하고 놀러 다니고 돈 모으고. 근데 지금은 그러고 싶지 않아요. 하기도 싫어요.

면담자   혁이 아빠랑 둘이 밖에 활동 없는 날 종일 집에 있으면 엄청 심심할 텐데요?

강혁 엄마   밖에 나가요. 밖에 나가서 체육공원 가서 한 바퀴 돌고, 한 바퀴 돌고 개천도 둘이 걷고 한 시간씩 걷고… 근데 그 전이랑 지금 달라진 게요, 옛날에 장사할 때는 서로 힘들잖아요? 서로 힘드니까 상대방[에 대한] 배려가 없었어요, 서로. '나 이렇게 힘든데 내가 왜 상대방을 생각해?' 서로 그랬어요. 근데 지금은… 지금은 서로 배려를 하는 거 같아요. 서로 아껴주고 서로 이렇게 보듬어주고 그게 변한 거 같아요. 소중함을 더 느꼈고요. 애 아빠가, 혁이 아빠가 옛날에는 핸드폰에 저장을 '집사람' 이렇게 해놨거든요. 근데 지금은 '소중한 사람'으로 되어 있어요, 핸드폰에 저장이. 소중함을 더 느낀 거 같아요, 가족에 대한 소중함을. 혁이가 이렇게 떠나고.

면담자   혁이 아빠가 혁이 엄마 눈에는 어떻게 보여요? 예를 들어서 자고 있을 때라든지.

강혁 엄마   혁이 아빠가 자고 있을 때? 그때는… 전에 우리 혁이 있을 때는 불쌍한 생각 못 들었어요, 정말. '자나 보다. 때 되니까 자나 보다' 이랬거든요? 지금은 자고 있는 모습 보면 세상 남자 중에 최고 불쌍해, 불쌍한 남자. 거기다가 어쩔 때 혁이 아빠가 이렇게 새우잠 잘 때도 있어요, 쭈그리고. 그러면 더 불쌍해요.

면담자   왜요?

강혁 엄마   아들이 없고 가슴이 소금으로 절인 만큼 아픈 사람이 얼마나, 얼마나 고통스러웠을까… 얼마나, 얼마나 고통… 제가 그 고통을 알잖아요? 저랑 똑같을 거 아니에요, 아빠니까. 그런 생각에서 불쌍한 거죠. 제가 느낀 그대로 아빠도 불쌍한 거잖아요. 심장을… 어느 때 이렇게 (울먹이며) 혁이 사진을 본다든가, 어느 때 집에 혁이 방에 온통 혁이 사진으로 꽉 찼거든요? 제가 동영상도 이렇게 찍어놓은 것도 있는데 눈을 못 마주치겠어요. 지금도 사진은 많은데 이렇게 혁이랑 눈 딱 못 마주치겠어요. 심장을 도려내 버리는 거 같아요(울음). 진짜 안 겪어본 사람은 몰라요. 엄마가 아들 보고 싶은데 볼 수 없는 그 심정. 진짜…… 그래서 불쌍한 거죠, 우리 애기 아빠가. 혁이 아빠도 저처럼 그럴 거 아니에요? 아빠도 꼭 볼일이 있으면 혁이 방 들어오지, 혁이 방 들어와서 이렇게 못 보겠대요. 너무너무 가슴 아파서 못 보겠대요. 교수님, 혁이 방에는요… 우리 혁이 머리카락도 여덟 개 있어요. 제가 혁이 하늘나라 보내고 집에 와서 혁이 옷을 이렇게 만지는데, 갑자기 머리카락이 이렇게, 이렇게 하다 보니 머리카락이 손에 잡혔어요. 근데 옷을 다 이렇게 내렸어요. 거기서 8개를 찾았어요, 혁이 거. 그래 갖고 제가 네 개씩, 네 개씩 코팅해 갖고 지금 집에 있거든요. 머리카락 한 번씩 만져보고, 보고… 저 그렇게 살고 있어요.

면담자   일도 접고, 혁이 아빠랑 산책하고 그리고 다른 건 아무것도 하는 게 없으시네요?

강혁 엄마   네.

면담자   그리고 혁이 엄마는 또 뜨개 하잖아요?

강혁 엄마   네. 이게 참 잘못된 생각인데요. 제가 주스를… 아빠가 건강이 좀 안 좋아요, 이렇게 되고. 그래서 제가 주스를 갈아, 갈면서… 참 이게 제가 잘못됐는지 못됐는지 몰라도 '우리 혁이 아빠 건강해야 돼' 이렇게 갈아야 되는데, '우리 혁이를 준다' 이렇게 갈아주면 더 정성껏 갈아줘요. 갈 때 (울먹이며) '우리 혁이가 먹는다' 이렇게 [생각]하면은, 아빠를 내가 사랑해서 갈아서 주는 게 아니고요, 혁이 아빠니까 '우리 혁이가 먹는다' 이렇게 하면서 갈아지면 더 정성껏 갈아져요. 아빠한테도 솔직히 말했어요, 제가. "나 솔직히 그렇게 간다. 내가 주스 갈 때 '자기 잘 먹일 거야' 그러고 안 간다. 우리 혁이가 먹는다고 간다", 솔직히 말했어요.

7
뜨개질을 통한 마음의 위로

면담자   어머니 뜨개는 언제 시작했어요?

강혁 엄마   15년도 중순. 그 전에는 서명 다녀서 저는 뜨개 안 했어요. '이웃'이라는 데가 있거든요. 거기 있는 것도 몰랐어요. 서명 다니다가 어떤 엄마가 "서명 다니고 시간 있을 때 거기 뜨개 하는 데 있으니까 가자"고 그래서, 15년도쯤 갔던 거 같아요.

면담자   뜨개질 시작하면서 지금까지도 유지하고 계시잖아요? 뜨개질이 어머니한테는 잘 맞으세요?

강혁 엄마   네, 너무 잘 맞죠.

면담자   왜? 뭐가요?

강혁 엄마   뜨개를 하고 있으면 제가 뜨개를 해서 이렇게 드리잖아요, 봉사자들한테? 그걸 하면서 행복을 느껴요. '내가 이렇게 해서 누군가 따뜻하게 한다' 이런 생각으로 하니까 되게 흐뭇하고 행복해요. 제가 올해까지 해서 한 480개 짰거든요. 그해부터 해서

480개 짰는데 그만큼 행복이 저한테 온 거잖아요.

면담자 480개를 사람들한테 다 드렸어요?

강혁 엄마 예. 지금 집에 한 몇 개 있는데 주로 작년부터는 수녀님 거를 많이 짰죠, 작년부터. 그 전에는 일반인 거 짜고.

면담자 주로 누굴 줬어요? 저도 하나 주셔서 잘 쓰고 있습니다만.

강혁 엄마 주로 이제 짜서 '이웃'에, '이웃'에 몇 박스 갖다주고, 이제 수녀님 드리고 유가족분들 이렇게 드리고 또 친구들도 주고 친정집도 보내고.

면담자 그게 제가 그 목도리를 차보니까 다른 목도리보다 훨씬 부드럽고 가볍고 엄청 따뜻해요. 그러니까 이게 소재가 비용이 꽤 들어간다는 건데.

강혁 엄마 아니, '이웃'에서….

면담자 제공을 해줘요?

강혁 엄마 제공을 해주고, 저는 많이 짜잖아요? 많이 짜니까 그 한계가 있어요, '이웃'에서 주는 게. 초창기에는 한 달에 네 봉 줬고요, 지금은 두 봉 주는데 나머지는 모자라잖아요? 제가 사비로 사요. 사비로도 사고 그렇게 해야 보낼 수 있게.

면담자 완전히 봉사네요 이제는.

강혁 엄마   (웃음) 제가 행복하다 했잖아요. 저한테 그게 또 위로가 돼요.

면담자   뜨개질이 위로가 된다는 건 어떤 거죠? 뜨개질을 할때 느낌이 어떻다는 거지요?

강혁 엄마   막 이렇게 한숨이 나와요, 뜨개 안 하고 있으면 막이렇게. 고통스러우니까 일단 고통스러우니까 한숨이 나와요. 근데 뜨개 활동하면 한숨 안 해요, 한숨 안 쉬어요.

면담자   말하자면 아무 생각이 없어지는 건가요?(웃음)

강혁 엄마   그렇죠. 그리고 이렇게 막 콩닥콩닥콩닥 불안증이와요, 뜨개 안 하면. 뜨개 하고 있으면 불안증이 없어져요.

면담자   아무래도 그 코에 이렇게 집중을 해서….

강혁 엄마   네, 네.

면담자   그렇구나. 손 빨리 움직이고.

강혁 엄마   집중해야죠. 잘못하면 코 빠지면 안 되니까, 코 빠지면 안 되니까 거기에다 신경 쓰니까(웃음). 저는 뜨개가 있어서 너무… 신앙생활 하면서 견딜 수도 있었지만, 뜨개를 하면서 많이 견딜 수 있었단 생각도 들어요. 그러니깐 모든 게 되게 감사한 거 같아요.

면담자   일주일에 몇 개나 뜨세요? 지금도 목도리 위주로 뜨셔요?

강혁 엄마   네, 목도리. 지금은 지갑도 많이 짜서… 가방도 짜고 지갑도 짜고, 제가 세 가지를 해요. 가방 짜고 지갑 짜고 목도리 짜고.

면담자   저 목도리 줄 때보다는 엄청 진보했네요?

강혁 엄마   그러믄요. 지금은 또 새로운 걸로 또 하죠.

면담자   일주일에 몇 개 정도 하세요?

강혁 엄마   일주일에 한 세 개는 짜죠. 지금은 좀 게을러져서 한 두 개?

면담자   그래도 어쨌든 한 달에 그러면은 다섯 개 이상 열 개 이하 이렇게 나온다는 건데, 엄청난 생산력이네요. (강혁 엄마 : 웃음) 그럼 '이웃'에서는 누구, 저 이영하 국장님 등하고 하시나요?

강혁 엄마   네, 그분이 지금도 하고 있어요. 우리 전시회 했었잖아요? 뜨개 전시회. 제가 목도리를 많이 짜가지고 '이웃'에 갖다줬다 그랬잖아요? 이명수 박사님이 딱 생각했대요. '아, 이걸로 전시회를 한번 해보자' 해서, 이걸로 이렇게 목도리로 나무를 만들어서 이렇게 해가지고 전시회를, 이명수 박사님이 저 때문에 전시회 하게 됐대요.

면담자   이명수 박사님이 제안한 시점이 언제예요?

강혁 엄마   재작년이겠죠. 작년, 작년인가 재작년인가….

강혁 엄마 조순애

면담자 2018년?

강혁 엄마 2018년도 초에 했나? 아이고 생각이 안 나요. 7년도 인가 8년도인가 했어요.

면담자 어떠셨어요, 전시회 했을 때 어머니 기분이?

강혁 엄마 음, 모든 분하고 같이하니까 되게… 그 전시회를 하면서 시민분들이 많이 오셨잖아요? 오셨는데 그분들이 오셔서 이렇게 목도리를 길게 짜세요. 한 사람이 짠 게 아니고 여러 사람이 해갖고 길게 짰는데… 같이 이렇게 공감하면서, 같이 이렇게 같은 마음으로 가는 거를 제가 더 느꼈어요, 그때 이렇게 같이 대화를 하면서. 그때 잠수사분도 오셨거든요. 처음으로 제가 봤어요, 잠수사분을. 근데 그분 중에서 우리 혁이를 어느 분이 한 분이 데리고 올라왔을 거 아니에요. 뜨개 전시회를 했기 때문에 잠수사분도 만날 수 있었잖아요? 좋은 분을 많이 만날 수 있었다는 게 참 감사했던 거 같아요, 전시회 하면서. 특히 잠수사분을 만났다는 게 굉장히 뜻깊었던 거 같아요. '전시회 잘 했구나. 그래서 이렇게 만나는구나'. [잠수사분들] 너무 보고 싶었거든요.

8

이후 삶과 일에 대한 생각

면담자 혁이 아버님은… 결국은 당분간은 일이나 이런 건 못 하시겠네요, 어머님, 아버님 두 분 다. 일을 재개하실 생각은 아직은 없으신 거죠?

강혁 엄마   어느 때 하고 싶냐면요… 하고 싶을 때도 있어요, 하루가 너무 길 때. 하루가 아무 무의미하게 너무 길 때가 있어요, 또. 그럴 때는 거기에 그냥 정신을 팔려버리고 싶어요. 아빠가 이런 말도 했었어요. "우리 다시 시작하자. 시작해서, 그때는 내 욕심만 차리고 애들한테 물려줄 생각에 내 욕심만 차리고 했는데, 지금은 한 달에 한 번을 놀면서 자기가 족발을 삶아서 썰어서 노인정 같은 데, 양로원 같은 데 이렇게 가서 한 달에 한 번 우리 혁이 이름을 말하면서 기억해 달라면서 한번 이렇게 하는 거 어떠냐?" [하고] 아빠가 말도 했었어요. 근데 그 방법도 좋은 거 같고 의미가 있고, 또 그렇게 하면 우리가 또 견뎌낼 수 있지 않을까 생각도 해봤어요. 아빠 생각도 좋은 거 같아요. 근데 지금은 아직 이제 시작이고 진상 규명도 안 됐고, 또 제가 그 장사를 하면은 활동을 못해요. 하다 보면은 또 가게를 문을 닫고 막 돌아다닐 수는 또 없는 거고. 어느 정도 이제 진상 규명도 되고 어느 정도 하면, 그때는 우리가 늙어 버릴란가 몰라도, 아빠 생각도 좋은 거 같아요. 그렇게 아빠는 "지금까지 했으니까, 그 생각도 한번 해보자" 그러더라고요. 장사하면서.

면담자   근데 그거는 하면 예를 들어서 화수목금토만 하고 이렇게는 안 되나 보죠? 매일 해야 되나 보죠?

강혁 엄마   또 사러 오는 사람들이 먹고 싶어서 왔는데 계속 문

강혁 엄마 조순애

닫혀 있으면 그것도 아니잖아요? 돈도 돈이고. 또 아빠는 한 달에 한 번 노는 걸로, 만약에 하면은 한 달에 한 번 놀고 "우리 혁이… 우리 혁이가 이렇게 한다" 하고 이렇게 봉사하면서 그렇게 하는 것도 좋다고. 그 전에는 봉사도 안 했잖아요? 지금은 그런 의미로 만약 시작하면 한다고 그랬어요, 아빠도.

면담자　　　지금 어머니, 아버지가 예전부터 착하고 성실하게 살아오셔서 이제, 아이들이 다 그런 건데, 근데 그냥 성실하고 착하게 살아오신 거하고 지금 혁이를 하늘로 보낸 다음에 새로 일을 시작하려는 그 구상은 완전히 달라진 거잖아요.

강혁 엄마　　　그렇죠.

면담자　　　과거에 성실하고 착한 것하고는 좀 다른 거란 말이에요, 그런 변화가. 그렇게 좀 새롭게 해보자고 생각하는 이유는 뭐예요? 왜 우리가 봉사를 해야 된다고 생각하셔요?

강혁 엄마　　　혁이한테 미안하니까.

면담자　　　그러면 혁이한테 해줘야지, 이 세상이 우리한테 해준 게 뭐가 있냐고도 생각할 수 있잖아요.

강혁 엄마　　　그러니까 이게 있어요. 우리 혁이 생일날 1년에 한 번, 1년에 한두 번 [봉사] 하는 데가 있어요. 그것도 우리 혁이 생일날 하잖아요. 아빠가 또 따로 봉사하는 데가 있어요. 혁이 생일하고 또 어쩌다 한번 저기[봉사] 가는 데가 있는데… 혁이한테 미안하니까. 첫째는… 그것도 또 잘못됐을 수도 있는데, 일단은 혁이한테 그렇게 하고 나면 혁이한테 덜 미안할까 싶어서 그냥 그렇게… 결국은 나의 위로예요, 그게. 그렇게 하고 나면 조금은 낫거든요. 저도 가끔 이렇게 본당 미사 가다가도 다른 데 미사도 가고 그래요. 한 번씩 이렇게, 노인정 이제 '평화의 집'이라고 또 있어요. 거기도 한 번씩 가는데, 거기는 봉사하면서 미사 가는데 그것도 결국은 나의 위로예요. 그렇게 하고 나면 내가 그 하루는 또 너무 행복하고 편하니까. 그때는 그런 걸 못 느꼈거든요. 우리 혁이가 그거를 저희한테 뭐라 그래야 [할까요], 우리 혁이가 저희한테 그거를 가르쳐준 거 같아요. "엄마, 아빠 이렇게 살다 혁이 만나러 와"[하고 가르쳐준 거 같아요]. 그 전에는 몰랐잖아요, 우리 혁이 있을 때는 몰랐잖아요. 근데 우리 혁이가 하늘나라 가고 저희가 그거를 느낌으로 알고 살잖아요. 그거 하나 가르쳐준 거 같아요, 우리 혁이가. 그래서 그렇게 만약에 장사하면 그렇게 해야만이 우리가 견딜 수 있고 편하게 살 수 있지 않을까 싶어요.

면담자　　　예수님이 비슷한 말씀 하셨죠. 그러니까 "힘든 사람한테 잘해줘라 그게 나한테 잘해주는 거야, 임마" 뭐 그런 얘기.

강혁 엄마　　(웃으며) "이웃을 돌보며 살아라, 너무 욕심만 부리고 살지 말라" 근데 사람 일이라……. 근데 우리 아빠가, 제가 아까도 말했잖아요, 아빠가 성당을 다니고 손잡고 가면 미사예물도 아낌없이, 저희가 또 벌어놓은 것도 있잖아요? 할 텐데… 눈치가 보게 돼요. 저는 제 양심껏 이렇게 하는데, 그런 게 저는 그래서 아빠랑 같이 다니고 싶다고요, 뭘 해도….

면담자　　　　곧 갈 거예요.

강혁 엄마　　　그러니까요. 우리 혁이가 그런 거를 저한테 자꾸 전달해 주는데 "엄마, 그렇게 살다 와" 그렇게 하는데, 저만 하면은 또 아빠가 우리 혁이를 못 만나잖아요? 저는 만날 거라고 생각하거든요.

면담자　　　　물론이에요.

강혁 엄마　　　100프로 저는 만난다고 생각해요. 만날 거고요.

면담자　　　　지금 어머님 말씀이 그냥… 말하자면 혁이가 주님 같은 존재인 거예요.

강혁 엄마　　　그럼요, 네.

면담자　　　　"가장 헐벗고 어려운 자에게 베푼 것이 곧 나에게 베푼 것이니라"라는.

강혁 엄마　　　그렇죠, 네. 네.

면담자　　　　그 주인이 하느님이자 혁이이자 어머니한테는 그런 거잖아요?

강혁 엄마　　　네.

면담자　　　　지상에 사는 사람이 천상과 만나는 방법이 봉사하시고 하는 거라고 보는 거죠?

강혁 엄마   제가 누구를 이렇게 도우면은, 그분을 도운 게 아니에요, 제가. 저를 도운 거예요. 제가 행복하잖아요, 그죠? 근데 아빠는 그걸 아직 모른다고요. 그게 안타깝죠. 저는 그거를 느끼거든요. 근데 아빠는 그걸 모르잖아요? 불쌍하죠. 안타깝고 불쌍하죠.

9
탄핵과 새 정부에 대한 생각

면담자   두 가지 정도만 여쭈려고 하는데요, 좀 피곤하시긴 하시겠지만. 하나는 그렇게 중요한 건 아닌데, 어쨌든 촛불시위 포함해서 열심히 어머니들이 뛰었단 말이에요. 박근혜 탄핵 되는 것도 보고.

강혁 엄마   23차.

면담자   23차까지? 23차까지 한 번도 빠지지 않고?

강혁 엄마   한 번은 엄마 돌아가셔서. 제가 그때도 다 챙겨갖고 갔어요. 가다가 차에서 망설였어요. '촛불집회를 가야 되냐, 엄마가 돌아가셨는데 엄마한테 가야 되냐?' 그래도 엄마한테 가야겠더라고요. 한 번 딱 빠졌어요, 23차에서 엄마 딱 돌아가셔서 가지고.

면담자   엄청 열심히 하셨네요.

강혁 엄마	그렇게 안 하면 못 견뎌요. 제가 괴로워서 못 견뎌요.
면담자	박근혜가 탄핵되고 나니까 어떠셨어요?

강혁 엄마 　　허무했어요. (울먹이며) 정말 허무했어요. 뭐 박근혜가 주저앉히고 감옥에 있다고 해서, 우리 혁이 볼 수 없잖아요? 그런 게 허무했다고요, '이건 뭐야'. 그때 당시에는 막 소리 질렀죠. 근데 집에 와서 생각하니까 '이게 뭐야……' 그런 기분이었어요.

면담자　　어쨌든 박근혜 정권 시에 유가족들이 너무나 탄압을 받았으니까, 사찰도 당하시고. 그래서 이제 박근혜 탄핵이 이루어지고 이제 선거에 의해서 새 정부가 섰단 말이죠. 새 정부에 대한 어머니의 느낌은 어때요? 그냥 생활상 느껴지는 느낌은? 또는 혁이와 관련된 어떤 과제를 해결하는 것과 관련된 느낌은 어떠세요?

강혁 엄마　　저는 정권이 바뀌면 음… 제 생각이겠죠? 이게 완전히 다 이렇게 철저하게 착착 될 줄 알았어요. 저는 한편으로 생각하면 저는 문재인 대통령을 굉장히 좋아하거든요, 존경하고. 또 한편으로 생각하면 이해도 가요. 또 우리만 국민이 아니잖아요, 그죠? 다른 국민들도 다 있잖아요. 근데 제 욕심만 부리면 대통령님이 너무 힘들 것 같아요. 근데 진상 규명은 꼭 돼야 되고요. 추모공원하고 진상 규명은 꼭 돼야 되고, 저는 더 급한 거는 추모공원이라고 생각하거든요. 진상 규명은 가만히 있어도 뭐… 우리 세대에 아니면 우리 딸 세대에 될 수도 있고. 근데 추모공원은 꼭 돼야 된다고 생각하고 우리 아이들 한 군데 있어야 된다고 생각하고. 서운

한 것도 있죠(웃음). 정권이 바뀌었는데 순리대로 빨리빨리 안 된다
는 게 서운하기도 하죠. 한편으로는 또 '그럴 수도 있겠구나' 생각
은 들어요. 그런다[고] 그래서 빨리빨리 이렇게 안 되고 우리 생각
대로 안 된다고 시위할 수도 없는 거잖아요? 그죠? 문재인 대통령
님이 저는… 잘하고는 있어요. 세월호… 사람인지라 엊그저께 우
리 애들 졸업했잖아요? 문재인 대통령이 아무 말씀 없었잖아요? 서
운하면서도 이해하려고 노력해요, 저는. 모르겠어요. 제 생각하고
다른 부모님하고 틀릴 수 있어요. 근데 서운하면서도 이해하려고
노력해요. 대통령이 어디까지 할 수 없잖아요? 다 국민을 안고 가
야 되는데. 근데 제가 딱 하고 싶은 건 있어요. 절대로 박근혜는 사
면시키면 안 된다는 거. 그거만큼 사면시키면 저는 문재인 대통령
한테 욕도 나갈 수 있어요(웃음). 욕하고 싶어요. "그런 거였었냐"
고. 사면만 안 시키면 돼요.

면담자   강혁 엄마도 욕할 줄 아시는구나?

강혁 엄마   그럼요. 욕하죠, 내 새끼를 평생 못 보는데, 욕하죠.
욕할 거예요, 만약에 그런다면. 같은 자한당에서 이렇게 뭐, 박근
혜 의자가 필요하다 그랬나 뭐가 필요하다 했는데 안 줬대매요[안
줬다면서요]? 근데 문재인 대통령이 들여보냈다매요? 근데 문재인
대통령이(웃음) 원래 그런 것도 있잖아요? 미운 놈 떡 하나 더 준다
고 그러죠? 잘하신 거 같아요, 그죠? 의자까지 안 주면 대통령이 수
준이 그거밖에 안 되는 건데, 그죠?

10
명예 졸업식에 대한 인상과 마무리

면담자　　마지막 질문으로 드리려고 했던 게 아까 명예 졸업식 얘긴데, 최근에 있었던 일이고 그래서. 명예 졸업식이 너무 늦지 않았어요? 어떠셨어요, 어머니는?

강혁 엄마　　늦었죠. 이게 참 우리 세월호 유가족 부모님들이 대단한 게 뭐냐면요, 이게 제적 처리 될 수도 있었어요. 근데 우리가 다시 이거를 졸업시켰잖아요. 그러기까지 얼마나 싸웠겠어요? 얼마나 힘들었겠냐고 우리 대책위[가족협의회]에서도, 그죠? 뭐 우리는 뒤에서 뒷받침만 했고, 똑똑한 부모님들이 다 앞에서 하셨으니까 감사하죠, 정말 감사하죠. 그러기까지 얼마나 힘들었겠냐고요. 학교에서 쫓겨나고, 그죠? 네. 명예 졸업이지만 명예 졸업도 안 했다면 우리 아이들이 더 헛된 죽음이 되지 않을까 생각을 하고, 음….

면담자　　졸업식 때 몇 시까지 갔어요?

강혁 엄마　　10시요. 10시 40분까지 오라 그래서.

면담자　　온 식구들 다 갔어요?

강혁 엄마　　아니, 저만 갔어요. 〈비공개〉

면담자　　어머님 혼자 가셨구나. 좀 일찍?

강혁 엄마　　예, 전 가자고도 안 했어요. 9시 40분까지 갔어요.

면담자   어떠셨어요, 가보니까?

강혁 엄마   (침묵) 왜… 그 졸업식장에 우리 아이들이 있어 가지고 깔깔대고 웃으면서 정말 상장도 받고 이렇게 해야 되는데… 그 있잖아요? 박수 없는 졸업식. 너무나 조용한 침묵 속의 졸업식이었어요, 그냥 흐느껴 우는 소리만 나지. 그게 무슨 졸업식이에요? 초상집이지. 그잖아요? 그냥 박수 없는 졸업식이었어요.

면담자   아니면 박수라도 치지 그랬어요?

강혁 엄마   그리고 "축하합니다"도 슬픈 목소리로 "축하합니다" 엄마들 눈에서 눈물이 글썽글썽하면서 "축하해" 하면서 껴안고 울고. 무슨 축하하는데 울어요? "축하합니다" 하고 울었어요, 저희. 그런 졸업식이었어요. 다시는, 우리 아이들 세대에서 끝나야지, 다시는, 다시는 이런 일은 없어야 되고요. 이런 슬픔이 없어야 되고, 이런 졸업식이 오면 안 돼요. 온 국민이 같이 끝까지 해줬으면 좋겠어요, 정말로. 내 자식이다 생각하고 내 일이다 생각하고. 저도 있잖아요, 지나가다가 옛날에 서명해 달라 하면 그냥 갔거든요. 제가 한 번 겪었잖아요? 서명하고 가요. 그것도…….

면담자   어머니, 사실은 쉽지 않은 구술인데요. 긴 시간 또박또박 마음속 깊은 내용들을 말씀을 해주셨어요.

강혁 엄마   저는 교수님, 말 이렇게… 교수님처럼 많이 배우셔야 이렇게 말씀도 잘하고 딱 이렇게 문장도 잘하시는데 저는 그렇게 못했어요. 그냥 있는 그대로만 했어요(웃음).

면담자   전혀요. 그게 오해서요. 한국 보세요. 잘났다는 놈들, 공부 많이 했다는 놈들 때문에 이 모양 이 지경 아닙니까?

강혁 엄마   저는 우리 혁이, 그때 뭐죠? 기록 처음에 한 거 뭐라 그러죠? 그거 했을 때 책, 그 아이들 처음에 할 때….

면담자   『약전』?

강혁 엄마   『약전』[『416 단원고 약전』], 『약전』 했을 때 선생님이 물어봐 봐요, 어떻게 할 거냐고. 저는 "있는 그대로 쓰시고 저는 그게 좋아요" 그랬어요. 얼마 전에도 『그리운 너에게』 그것도 저는 우리 혁이가 공부도 못했고, 우리 혁이가 뭐 애기 같고 그런 거 그대로 말했어요. 그러니까 우리 엄마들도 그렇고 선생님도(웃음) "혁이 엄마처럼 그렇게 하기가 쉽지 않은데" 하더라고요. 저는 그게 좋아요. 아이 있는 그대로가 저는 좋아요.

면담자   그럼요. 혁이가 공부를 못한 건 자랑일 수 있어요, 이 한국 땅에서는. (강혁 엄마 : 웃음) 아니, 정말로요.

강혁 엄마   그래서 제가 그랬잖아요, 아까. 우리 혁이한테 미안한 게 그거라고. 제 욕심 부리고 막, 과외 가르치고 막. "엄마, 나 죽을 것 같애" [하면서] 우울증 약 먹었잖아요.

면담자   공부에 취미가 없고 공부에 재능이 없고, 그런 애는 꼭 다른 데 재능이 있거든요.

강혁 엄마   (웃음) 근데 재능이 없었어요. 있으려 했는데 저렇게 돼버렸잖아요.

면담자   아마 하늘나라에서 새로운 재능 찾아서 잘 살 거니까 그만 울고 좀(웃음). 어머니 근데 마무리하면서요, 그래도 꼭 뭐 하시고 싶은 얘기, 못 한 거 있을지 한번 생각해 보세요.

강혁 엄마   지금 아무 생각이 없어요. 지금 머리에 아무 생각이 없어요. 교수님이 물어보니까 막 그냥 말만 했지 아무 생각이 없어요, 지금도. 그냥 이 순간만 생각나지, 앞으로 뭐 어떻게 생각 못 해요. 물어보면 또 말을 해도.

면담자   그래도 뭐 성당생활, 뜨개, 혁이 아빠, 엄마가 토닥토닥 서로 보듬는 생활이랄까? 그런 걸 참 잘하고 계신 거 같고요. 여러 가지 어려움이 있죠. 그런데 저는 앞으로 좋아질 거 같아요, 강혁이네 식구들이.

강혁 엄마   제가, 엄마들이 간담회를 많이 다녔잖아요? 저는 한 번도 안 갔거든요. 못 갔어요, 안 간 게 아니고 못 갔었는데. 그런 아쉬움이 좀 든 게 간담회 다니면서도 많이 알거든요? 알고 이렇게… 제가 이렇게 세월호에 대해서 모르는 것도 간담회를 해봤으면 많이 배우기도 하고 알기도 하는데 저는 안 해봤거든요. 그래서 막 이런 거[구술증언] 하자 하면 두려워요, 아는 게 없어서.

면담자   엄청 잘한다니까요.

강혁 엄마	(웃음) 아는 게 없어요.
면담자	요새는 간담회 거의 많지 않으니까 그렇긴 한데….
강혁 엄마	못해요, 그래도.
면담자	다음에 기회 나면….
강혁 엄마	간담회? 제가 간담회 가면 막 혼자 울어버리면 거기….
면담자	그것도 언어지요.
강혁 엄마	그럴까 봐 못 가는 건데….

면담자 혁이 엄마의 눈물이 백 마디 말보다 정말 더 절절한 말일 수 있죠. 제가 오늘 혁이 엄마랑 구술을 하면서 그냥 빈말로 인사를 드리는 게 아니에요. 생각과 말씀의 깊이가 정말 남다르셔요. 굉장히 감동적이고 엄마의 모습이 어떤 것인가 정말 너무 잘 보여주셔서… 참 좋은 구술을 해주셨어요.

강혁 엄마 감사합니다.

면담자 긴 시간 너무 감사드리고요, 이것으로 마무리하겠습니다. 고맙습니다.

4·16구술증언록 단원고 2학년 4반 제8권

그날을 말하다 강혁 엄마 조순애

ⓒ 4·16기억저장소, 2019

기획 편집 4·16기억저장소 ┃ **지원 협조** (사)4·16세월호참사가족협의회
펴낸이 김종수 ┃ **펴낸곳** 한울엠플러스(주)
초판 1쇄 인쇄 2019년 4월 1일 ┃ **초판 1쇄 발행** 2019년 4월 16일
주소 10881 경기도 파주시 광인사길 153 한울시소빌딩 3층
전화 031-955-0655 ┃ **팩스** 031-955-0656 ┃ **홈페이지** www.hanulmplus.kr
등록번호 제406-2015-000143호

Printed in Korea.
ISBN 978-89-460-6731-8 04300
          978-89-460-6700-4 (세트)
* 책값은 겉표지에 표시되어 있습니다.